新様式対応！

税務調査も安心

相続税申告書の
書面添付の実務

TKC全国会 資産対策研究会 ［編］

TKC出版

はじめに

　令和4年税理士法改正を受けて、令和6年4月1日以降に提出する同法第33条の2第1項に規定する添付書面の名称が「申告書の作成に関する計算事項等記載書面」となり、資産税に対応する様式が新たに制定されることになりました。

　相続税は法人税の場合とは異なり、巡回監査を行っていることが前提の書面添付ではありませんが、巡回監査という制度のない、いわば積み重ねてきた監査の結果ではない申告をするという場合においても、しっかりとした事前調査を行い、それに基づく添付書面を作成することで十分に品質を担保することができます。

　相続税申告書にしっかりとした書面添付を実施している場合は、税務調査率は低いと考えられます。また、意見聴取においても、添付書面の記載の中で、調査官の立場で見て追加で確認をしておきたいというケースがあるときに行われるというのが私たちの印象です。そこまで品質の高い添付書面を作成するためには、そのレベルの仕事をするということが前提で、高い実務能力が要求されることはもちろん、民法、商法、会社法、税法に精通した上での申告を行うということが肝心になります。そういう意味で、書面添付の実践は事務所の実力アップにもつながっていくといえます。

　この度の新様式制定にともない、ＴＫＣ全国会資産対策研究会の業務開発部会、及び研修部会の会員税理士が中心となり『相続税の申告と書面添付―安心の相続を実現するために―』（ＴＫＣ全国会相続税書面添付検討チーム編、2015年）の内容を実務面に絞って改訂し、相続税申告の書面添付の経験が少ない方でも比較的短時間で要点が理解できる書籍を作成いたしました。

新様式では「総合所見」欄が設けられましたが、本書の記載例では、「相続税申告業務の委任に関する約定書」と「完全性宣言書」を交わしていることを前提に書いています。これらの文書は法人税申告における書面添付の場合も交わしており、相続税の場合には特に重要だと考えています。

　法人税申告の場合は、月次巡回監査を行った実績に裏付けられた相互の信頼の上で添付書面が出来上がっていますが、相続税申告の場合は依頼を受けてから、被相続人の相続開始から10か月以内という短い期間しかありません。書面添付の精度が高く結果として税務調査の少ない税理士事務所では、この間に月1回以上2週間に1回程度お客さまのところに出向いて事前調査等を行い、そのコミュニケーションの積み重ねによる依頼者との相互の信頼形成を非常に重要視しています。そのような事務所の方針や考え方が「相続税申告業務の委任に関する約定書」と「完全性宣言書」に込められているのです。最初にそのことを分かりやすく依頼者に説明し、文書を交わすことにご納得いただくことが、相続税申告業務を受任する際の最も重要なポイントの一つといえます。

　納税者にとっての安心というのは、つまるところ「税務調査がない」ということのはずです。それを書面添付によって実現することが、お客さまへの質の高いサービスの提供であり、職務として当然であると位置付けることが必要ではないでしょうか。

　本書が一人でも多くの皆さま方の、一件でも多くの相続税の書面添付の実践につながれば著者一同幸甚に存じます。

TKC全国会 資産対策研究会

代表幹事　今仲 清

執筆者一同

目　次

第1章　相続税申告の考え方とスケジュール

第2章　相続財産の調査と確定

第3章 # 財産の帰属判定

第4章 相続税の書面添付

本書における、法令等の略称は以下のとおりです。

相法······················相続税法
相基通···················相続税法基本通達
評基通···················財産評価基本通達
所法······················所得税法
所令······················所得税法施行令
所基通···················所得税法基本通達
国外送金調書法···内国税の適正な課税の確保を図るための国外送金等に係る調書の提出等に関する法律
消法······················消費税法
地税法···················地方税法
民訴法···················民事訴訟法
建基法···················建築基準法
遺言書保管法·····法務局における遺言書の保管等に関する法律
使用貸借通達······「使用貸借に係る土地についての相続税及び贈与税の取扱いについて」（昭和 48.11.1 直資 2-189 ほか、一部改正 令和 3.4.1 課資 2-2)

［使用例］相法 3 ① 三 → 相続税法第 3 条第 1 項第 3 号

※1) 本書の内容は、令和 5 年 11 月 1 日現在の税法に基づいています。

※2) 令和 6 年 4 月 1 日以降は、税理士法第 33 条の 2 第 1 項に規定する添付書面の名称が「申告書の作成に関する計算事項等記載書面」となります。

第1章

相続税申告の考え方と
スケジュール

第 1 節

相続税申告の考え方と取組み方

ポイント

相続税の申告は、相続人やその他の親族の名義財産も含めて、被相続人の全財産・債務を短期間で把握しなければなりません。適正な申告を実現するには、相続人等との信頼関係構築による意思疎通が重要となります。

【解説】

1. 所得税・法人税申告と相続税申告の違い

　月次巡回監査※の対象関与先の所得税・法人税の申告においては、日常の取引が会計帳簿に詳細に記録されています。また、その取引の原始帳票についても、取引の順序に従って保存され、会計帳簿と証憑書番号で確認できるよう保存・管理されています。月次巡回監査において、もし会計処理の間違いがあれば、巡回監査支援システムを通して、関与先において修正していただき、その場で即答できない疑問点については、事務所に持ち帰り、内容をしっかり確認した後、巡回監査担当者より正しい会計処理と税務処理を回答し、関与先において正しく処理していただきます。

　しかし、個人の財産については、日常の金銭や預貯金の動きが継続して家計簿などに残されている例はまれです。巡回監査を実施している関与先であっても、事業主や法人の代表者、もしくは元代表者等の個人財産まで顧問税理士が把握していることはまずありません。ゆえに、相続税申告に当たっては、被相続人の相続開始日における財産及び債務について、依頼を受けて契約をした段階から調査を始めることになります。

　たとえ長年の信頼関係ができている月次巡回監査の対象関与先の経営者や元経営者の相続税の申告であっても、所得税・法人税の月次巡回監査に基づく申告書作成とは、根本的に申告の基となる情報が異なることを認識する必要があります。

※巡回監査とは、関与先を毎月及び期末決算時に巡回し、会計資料並びに会計記録の適法性、正確性及び適時性を確保するため、会計事実の真実性、実在性、網羅性を確かめ、かつ指導することです。

2. 被相続人の相続税申告の依頼者は相続人

　相続税の申告で、被相続人が財産をどのように運用し、日常、預貯金や資金を使っていたかを相続人が全て知っているということは通常ありません。被相続人は株の売買が好きで、よく証券会社を通じて上場株式の取引をしていたということは知っていても、どの銘柄をどれだけ保有していたか、どの証券会社と取引していたかまでは知らないなどといったこともよくあります。被相続人はこの世にいないので、取引記録や日記その他の残されている情報と相続人が見聞きしたことに基づいて、相続財産を把握していく必要があります。

　関与先関係者以外の相続税申告の依頼を受けた場合は、どのような経歴の被相続人かも知らない状態から始まります。

3. 相続税申告における税理士の使命

　税理士法第1条「税理士の使命」の条項は、税理士が憲法第30条にある「納税の義務」の適正な実現を図るという、極めて重大な公共的使命を担うものであることを規定したものです。その意味するところは、依頼者である納税者の立場を十分に踏まえることを前提としながらも、一方的に納税者の立場に立つのではなく、また、税務当局からも独立した公正な立場において、租税に関する法令に規定された納税義務の適正な実現を図るという重大な使命を果たしていくことにあります。

　相続税申告においても、税務の専門家として独立した公正な立場で、被相続人の財産について真実性・適法性及び網羅性を確保し、適正な申

告を遂行することが義務付けられています。

4. 相続税申告における税理士の責任
──相当の注意をもって真正の事実に基づいて申告書を作成

　被相続人の財産・債務について、相続人の誰も知らない事実が、申告書作成の書類や金融機関における調査の過程で出てくることがあります。しかし、あらゆる資料や、金融機関をはじめとするあらゆる機関の調査をしても、言い換えると、税理士として可能な限り相当注意義務を果たしても見つからない財産があるということもあり得ます。このような場合には、税理士としての責任を果たしているといえます。

5. 信頼関係の構築が重要！
──徹底した会話によって意思疎通を図る

　被相続人及び相続人と税理士との過去からの関与状況のいかんにかかわらず、相続税申告において税理士の使命と責任を全うする上でまず求められるのが、依頼者である相続人たちとの意思疎通を十分に行うことによる信頼関係の構築です。通常、税理士が依頼されるのは、関与先等を除くと四十九日が過ぎてからですが、相続開始から既にひと月半が経過しており、残された期間は8か月強しかありません。このわずかな間に信頼関係をしっかり構築する必要があります。

　相続税申告の依頼があった場合、信頼関係構築のスタートは、最初にご自宅に訪問した際のご霊前でのお参りでしょう。また、従来からの関与先である場合には、被相続人の通夜又は告別式への出席は必須です。

　特に、関与先関係者以外の相続税申告の依頼を受けた場合は、最低でも毎月1回は訪問し、できれば相続人全員とお会いして、進捗状況の報告や検討事項の共有、説明など、懇切丁寧に対応し信頼関係を構築していくことが重要になります。

6. 相続税申告の説明と料金表の提示及び約定書の締結

(1) 相続税の申告をすることの意味を分かりやすく説明する

　依頼者から相続税申告に関する相談・依頼を受けた場合、被相続人の財産、負債及び相続税申告に影響を及ぼす一切の問題を完全網羅的に、真実を整然明瞭に提示した上で、これらに関する受任者である税理士の質問に忌憚(きたん)なくその事実を開示し、税理士法第33条の2の書面添付制度(以下「書面添付」)をはじめとする被相続人に係る相続税申告が、税務当局から申告是認又は調査省略などの判定を受けることの重要性を理解してもらうことから始める必要があります。

　例えば、「長く専業主婦であった奥さまには、奥さま自身のご両親の相続によって取得した財産やその財産からの収入、贈与税を納税して贈与を受けた財産等しかないはずです。ご主人から毎月預かった生活費の中から奥さまの才覚でためたお金は残念ながらご主人の財産になります」「毎年110万円の非課税の範囲でお子さんやお孫さんに贈与して貯まった預金についても、その預貯金の通帳や印鑑を、贈与した被相続人が保管していたものは、お子さんやお孫さんの名義の預金ではありますが、民法で規定している贈与が成立していませんので、被相続人の財産として申告する必要があります」といったように、相続税の税務調査の経験談なども交えて、被相続人の財産とするのか、配偶者や子、孫の財産であるのかを様々な原始資料や証拠書類をお預かりして、民法や税法に照らして正しく判断する必要があることをお伝えし、納得していただくことが重要です。

　また、お話するタイミングも重要になります。まだ、十分に信頼関係を構築できていない関与先関係者以外の相続税申告の場合は、タイミングによっては、このような話に強い拒絶感が生じることもありますので、依頼者の反応を確認しながら進めていくことも重要です。

(2) 相続税申告が初めてで不安を抱いている方も多い

　関与先の企業経営者の場合には、所得税・法人税の申告も経験されていることから、会社で税務調査を受けていて慣れているため、あまり重

圧を感じない方もおられます。しかし、相続税の場合には、税務申告自体が初めてで、税務調査を受けた経験のない方も多く、相続税の税務調査があると聞いただけで寝込んでしまう方すらいます。このような方には、法律に従って1円も多くなく少なくもなく、適正に申告をすれば決して怖くないことを丁寧にお話しします。

（3）約定書と料金表の提示

　令和4年12月に公表された国税庁の令和3事務年度の報道発表資料によると、相続税の実地調査件数は6,317件、令和3年分の相続税の申告書の提出に係る被相続人数は134,275人となっています。

　相続税に関しては税務調査率が高いように見えますが（相続税の税務調査と書面添付の関係は、第4章第2節を参照）、本書で示すようにしっかりとした相続人との意思疎通と調査、確認を行い、その過程と内容を書面化して書面添付をした場合には、超大口案件を除いてほとんどが調査対象となっていないという事実があります。税理士への意見聴取において単純ミスに気付いた場合でも、実地調査が行われないことが多いのが実情です。そのようなことを相続人によく説明した上で、相続税申告の料金表とともに「相続税申告業務の委任に関する約定書」（図1-1-1）を提示します。

　「相続税申告業務の委任に関する約定書」は、税理士と相続人全員とが「財産及び債務（葬式費用を含む）並びに相続開始前の生前贈与、その他相続税申告に影響を及ぼす一切の問題を、完全網羅的に、真実を整然明瞭に提示すること、また、これらに関する税理士の質問に対して忌憚なくその実態を開示すること」及び「提出された資料を基に、相当の注意（税理士法第45条第2項）を以って法の許す限りの税額軽減策を図ると同時に、豊かな見識と経験を駆使して、将来構想も視野に入れ適正なる相続税申告書を作成すること」を約定するものです。

　この時点で約定書に署名押印を頂くことができれば、次からの手続きは非常にスムーズに進むことになります。最初の面談で相続人全員と面会できることはまれです。相続人の代表者にお渡しして全員の方の署名押印を頂けることもあれば、再度全員とお会いした上で最初からお話を

図1-1-1 相続税申告業務の委任に関する約定書

相 続 税 申 告 業 務 の 委 任 に 関 す る 約 定 書

被相続人＿＿＿＿＿＿＿（　　年　月　日死亡）の相続税申告書について、
税務当局から最高の信頼（申告是認または調査省略などの判定）を受けるため
被相続人＿＿＿＿＿＿　の全相続人（以下甲という）と（ＴＫＣ会計人）
＿＿＿＿＿＿（以下乙という）とは次のとおり約定する。

第１条　甲は乙に対し、被相続人＿＿＿＿＿＿の財産及び債務（葬式費用を含
　　　　む）並びに相続開始前の生前贈与、その他相続税申告に影響を及ぼす一切
　　　　の問題を、完全網羅的に、真実を整然明瞭に提示しなければならない。ま
　　　　た、これらに関する乙の質問に対して甲は忌憚なくその実態を開示しなけ
　　　　ればならない。

第２条　乙はＴＫＣ会計人の誇りと会計人としての使命とに鑑み、甲から提出され
　　　　た資料を基に、相当の注意（税理士法第４５条第２項）を以って法の許す
　　　　限りの税額軽減策を図ると同時に、豊かな見識と経験を駆使して、将来構
　　　　想も視野に入れ適正なる相続税申告書を作成しなければならない。

第３条　前二条に関連して甲乙間に意見の相違が生じたときは、甲乙は、前二条に
　　　　掲げた趣旨を全うすべく、ともに誠意を以って協議し、意見の一致を図ら
　　　　なければならない。

　　以上の約定の証として、甲乙は自署押印のうえ、各々正本一通を保管する。

　　　　　　年　　月　　日

当事者(甲) 相続人　　（住　所）
　　　　　　　　　　　（氏　名）　　　　　　　　　　　　　　　　　印

当事者(甲) 相続人　　（住　所）
　　　　　　　　　　　（氏　名）　　　　　　　　　　　　　　　　　印

当事者(甲) 相続人　　（住　所）
　　　　　　　　　　　（氏　名）　　　　　　　　　　　　　　　　　印

当事者(甲) 相続人　　（住　所）
　　　　　　　　　　　（氏　名）　　　　　　　　　　　　　　　　　印

当事者(乙)　　　　　　（所在地）
　　　　　　　　　　　（事務所）
　　　　　　　　　　　（所　長）　　　　　　　　　　　　　　　　　印

して署名押印を頂くこともあります。

　料金は、財産総額を基準とし、土地の物件数や非上場株式等の評価の有無、納税猶予適用の有無などによるため、その場で確定することはできません。例えば、財産総額が5億円で、土地が5物件、納税猶予の適用がない場合には、というように例示することで概略の金額を把握していただきます。それに併せて、相続税申告報酬規定表をお渡しします。正式な契約は後日とし、約定書をお渡しして次回までに署名押印をお願いすることができればよいでしょう。

7. 契約書の締結

　契約書の締結は、相続税申告報酬規定表を基に相続税申告報酬見積計算書を作成し、実際に財産総額が確定した時点で、あらためて相続税申告報酬規定表に基づいて計算し直して差額について精算する方式が考えられます。報酬は契約時に半金を受領し、申告完了時に残金を精算する方法や、申告完了時に全額受領するなどの方法があります。

　なお、契約書については、ProFITの「シス研オンライン・サポート」→「システム関連書式集等」に掲載されています（図1-1-2）。

8. 相当注意義務を担保する訪問記録簿・確認書

　被相続人の財産・債務について、相続人の誰もが知らない事実がある可能性もあります。税理士法第45条第2項の相当注意義務を果たしても、その事実が明らかにならないまま相続税申告に至ることもあり得ます。そのことについて後日、税理士として相当注意義務を果たしていたかどうかが、相続人との間で、もしくは税理士法上、問題になることもあり得ます。

　そこで重要なのが、相続人に依頼した事項や相続人から依頼された事項、税務判断の必要な質問事項、相続人が報告書によって説明を受けた事項、相続人が選択した内容の確認書の授受、預かり書類、返還書類、その他の情報交換内容を時系列に沿って記録し、その都度面談した相続

図1-1-2 相続税申告業務委任契約書（例）

業 務 契 約 書（相続税申告業務用）

委任者： 　　　　　　　（以下甲という）と、受任者：税理士法人○○○○（以下乙という）とは、下記の通り業務委任契約を締結する。

第1条（契約の目的）
　　甲は、乙に対して本契約第2条に定める業務を委任し、乙はこれを受任した。

第2条（委任業務の内容）
　　乙は甲に対し、次の業務を行う。
　　相続税申告代理、申告書類作成、税務相談、提出義務。

第3条（契約期間）
　　本契約の期間は、被相続人○○○○の相続税申告期限（令和　　年　　月　　日）までとする。

第4条（資料提示）
　　委任業務の処理に必要な書類、帳簿、及び資料は、甲の責任と負担において一切取り揃え、遅延なく乙に提示するものとする。

第5条（委任業務にかかる報酬）
　①　甲の、乙に対する報酬は　金　　　　　　円（消費税別途）とする。但し、財産総額が確定した時点において、相続税報酬規定表に基づいて計算した金額との差額については、残金支払時に清算するものとする。
　②　未分割等の理由により上記第3条の契約　　　　　　　　の請求等の提出が必要となった場合には　　　　別途報酬一覧によるものとする。
　③　本相続税申告書に係る意見聴取・調査が　　　　　　た立会・折衝については、甲は乙に対し　　　　　税別途）の日当を支払うものとする。ま　　　　　場合には、申告書作成料について甲・乙　　　　　ものとする。

項目（例）
第 1条（契約の目的）
第 2条（委任業務の内容）
第 3条（契約期間）
第 4条（資料提示）
第 5条（委任業務にかかる報酬）
第 6条（支払方法）
第 7条（受任者の責任範囲）
第 8条（免責事項）
第 9条（契約の解除）
第10条（信義原則、守秘義務）
第11条（実費）
第12条（その他）

資料提供：税理士法人今仲清事務所

人から署名を頂くことです。相続税申告の受任から申告完了までの間に財産目録、土地・非上場株式等の評価、各種特例選択、遺産分割協議書などの説明と報告や単純な書類の授受などで少なくとも10回、多ければ20回近く訪問、もしくは来所いただいて面談することになります。その都度、「訪問記録簿」（図1-1-3）を作成し、面談内容を記録し依頼者から署名を頂くことによって、相互の信頼関係の醸成と責任範囲の明確化による法的防衛も可能となります。

「訪問記録簿」は複写の場合には2枚複写とし、1枚は相手にお渡しし、1枚は事務所内に案件ごとに時系列で保管します。複写でない場合には、押印を頂いたPDFをメール送付したり、スマートフォンで写真を撮り原本をお渡ししたりするなど、ITツールを駆使して共有する方法もあります。

9. 完全性宣言書

相続税の税務調査は、申告してから1年以上経過した後に実施されます。税務調査の結果、修正申告に至った場合、お客さまとの間で修正申告の原因と責任について問題を発生させないためにも、「完全性宣言書」（図1-1-4）、様々な確認書及び添付書面の作成・署名押印は重要です。

これらは、税理士として責任の限界を明確にするための手続きでもあります。当然のことながら、提出されなかった資料や開示されなかった事実が明らかになったことにより、修正申告になることも考えられます。「完全性宣言書」は相続人全員が、税理士に対し「法が求める真正の事実を踏まえた内容であるべきことを深く認識し、相続開始日における被相続人の所有に係る全ての財産及び債務（葬式費用を含む）並びに相続開始前の生前贈与、その他相続税申告に影響を及ぼす一切の問題について、私たちが知る限りの真実を報告し提示したことを宣言」し、「税理士法第33条の2第1項に規定する添付書面の内容を確認」し、「仮装隠蔽の事実及び許されない租税回避行為を行った事実がないことを宣言」して相続人全員が署名押印するものです。

図1-1-3 訪問記録簿（兼預り証）（例）

訪問記録簿（兼預り証）

No. A-101

村田 一郎 殿

サイン
村田

税理士法人○○○
訪問担当者

斎藤

サイン
斎藤

本日は下記の通り貴社(殿)の訪問を完了致しましたのでご確認の上、上記にサインをお願い致します。

訪問日時　令和 5 年 7 月 24 日（ 月 ）　（ 13 時 00 分 ～ 15 時 00 分 ）　　　　月分

内 容	報告内容（ 相談　回答　宿題　課題　⦅説明⦆ ）
生前贈与の確認	村田一郎様につき、下記確認しました。
	① 令和2年分 相続時精算課税制度を選択。
	税務署への相続時精算課税選択届出書を提出されていることを確認しました。
	② 令和2年分 贈与税申告書を確認しました。
	③ 相続時精算課税制度を選択した場合には、選択後のその贈与者からの全ての贈与につき、
	贈与時の価額を相続税の課税価格に加算する旨を説明致しました。
生命保険関係	○○生命につき、死亡保険金のほか、お孫様を被保険者・保険契約者とする生命保険契約が
	あり、被相続人が生前に保険料を負担していたものを本日確認致しました。
	① 生命保険契約に関する権利に該当する、みなし相続財産である旨を説明致しました。
	② 契約先である生命保険会社から、相続開始日（令和5年5月20日）における、返戻金
	相当額等の証明書の取得をお願い致します。
未収金	亡くなられた後に支払われる高額医療費等があることがありますので、市役所に確認を
	お願いします。

お預り 資料 お渡し	書類内容	返却時期 お預り日	書類内容		返却時期 お預り日
	一郎様の令和2年	預・渡 8/8		預・渡	
	①贈与税の申告書	㊡・渡		預・渡	
	②精算課税届出書	㊡・渡		預・渡	

次 回 訪 問 日	所長	審理部	上長	アシスタント担当者	
8月8日（ 火 ）（ 13時 00分）	佐藤	飯田	関谷	鎌田	

資料提供：税理士法人今仲清事務所

図1-1-4 完全性宣言書（相続税）

完全性宣言書（相続税）

年 月 日

ＴＫＣ会計人

　　　　　　　　　　　　殿

相 続 人 _____ 印

相 続 人 _____ 印

相 続 人 _____ 印

相 続 人 _____ 印

　私たち相続人は、私たち全員の責任において、被相続人_____
の遺産に係る相続税申告書は、法が求める真正の事実を踏まえた内容である
べきことを深く認識し、相続開始日における被相続人の所有に係る全ての財
産及び債務（葬式費用を含む）並びに相続開始前の生前贈与、その他相続税
申告に影響を及ぼす一切の問題について、私たちが知る限りの真実を貴事務
所に報告し提示したことを宣言いたします。

　なお、私たちが知る限り、貴事務所に報告したもの以外に被相続人の財産
評価に関係する重要な契約、法的な紛争、その他の係争事件や債務関係につ
いて貴事務所に報告しなかったものは無いことを誓約し、税理士法第３３条
の２第１項に規定する添付書面の内容を確認いたしました。

　また、報告提示した資料には仮装隠蔽の事実及び許されない租税回避行為
を行った事実は全くありません。

　なお、当宣言書が虚偽であり、その結果、貴事務所または私たち自身が損
害を被った場合は、私たちが責任を負担することを申し添えます。

以 上

コラム　各種隣接業界（弁護士・行政書士等）との連携・対応

　相続税申告代理業務には、必然的に避けて通ることのできない税理士業務以外の法律行為の代理が極めて多く存在しています。したがって、業務を受任する前に、①当該行為が意思表示を伴うものであるかどうか（法律行為か事実行為か）、②当該行為の代理事務を「業として」行うかどうか（業法違反に当たるか）を確認した上で、事前に行政書士登録を行うなど、法令に完全準拠した受任体制の整備を行う必要があります注。他の関連業法との関係については、法律専門家（弁護士）による下記の見解（「他の関連業法との関係Q＆A（例）」）を参考にしてください。

■他の関連業法との関係Q&A（例）

Q1 司法書士の業務である不動産の相続登記手続事務を私が行うことはできますか？

A1 第1に、相続登記に係る書類作成業務（遺産分割協議書の代書等）を行うためには行政書士登録が必要です。第2に、登記業務は司法書士の独占業務ですから当然行ってはいけません。専門家に任せることが望ましいといえます。

Q2 不動産売買の仲介や取次業務について、宅地建物取引士の資格及び宅地建物取引業の登録をしていない者が当該業務を行うことは違法となりますか？

A2 当該登録をしていない者が当該業務を行うことは違法となります。したがって、当該業務を「業として」単独で行う場合は、当該登録をしなければなりません。当該登録をしない場合は提携（協定）企業等に紹介し、情報提供料を得ることとするのがよいでしょう。

Q3 上場株式等の名義変更・売買・取次等の業務を行う場合は、証券外務員の登録などが必要となりませんか？

A3 上場株式等の名義変更に係る手続書類の作成は、官公署に提出する書類ではなく、相続人の意思決定を受けての単なる代筆ですから、法律行為の代理とはならず事実行為となります。また、相続人の使者として当該書類を提出する行為も事実行為ですから、何ら資格を要するものではありません。

Q4 官公庁等へ車・刀剣・美術品・墓地等の名義変更手続を行うことは、何も問題がありませんか？

A4 官公署に対する各種財産の名義変更手続に関して書類の作成を要する場合は、行政書士登録をした上で当該書類の作成をすることが望ましいといえます。

Q5 預貯金の名義変更手続を行う場合に特別な資格を要しませんか？

A5 「使者」として当該手続を行う場合は特に資格等を必要とはしませんが、具体的な行為を明示した委任状が必要です。ただし、預貯金の解約手続は法律行為であると解されている（寄託財産から現金への転換という意味で、所有権に基づく財産の処分行為だと考えられる）ので、当該行為の代理は行うことができません。可能であれば、当該預貯金を取得した相続人と一緒に銀行に行くのが簡単でしょう。

Q6 電気・ガス・水道・電話等の名義変更手続を行う場合、特に資格が必要ですか?

A6 官公署に対する手続きではないので、行政書士の資格は要しないと考えられます。もちろん、相続人の「使者」として当該手続書類を提出することは全く問題がありません。

Q7 埋葬料や遺族年金等の請求手続(社会保険業務)を行うことは問題がありますか?

A7 当該手続事務を「業として」行う場合は、社会保険労務士法違反となります。

Q8 かねてより公正証書遺言で遺言執行者に選任されており、今回その事務を行うことになりました。私には弁護士の資格がありませんが、法律上問題になりますか?

A8 当該事務を「業として」行う場合は、弁護士法及び兼営法違反となります。

Q9 今回の相続で遺言執行者の履行補助者となりました。弁護士の資格がなくてもよいのでしょうか?

A9 遺言執行の履行補助者は、誰でも就任が可能です。なお、履行補助者は、遺言執行者の委任に基づく法律行為又は使者としての事実行為を行う者です。

Q10 遺言執行に関連し、財産目録を作成しなければなりません。この書類を作成するのには何か資格がいるのでしょうか?

A10 財産目録は、遺産分割協議書ではなく、官公署に提出するための書類でもありません。共同相続人に対する説明書類ですから、特別な資格は必要ありません。

Q11 遺産分割協議書の作成は誰でもできるのでしょうか。また、遺産分割に関する相談を詳細に受け、回答することには問題がありませんか?

A11 遺産分割協議書の作成(相続人等全員の協議結果に基づいて代書する行為)については、行政書士の登録をすることが望ましいといえます。また、遺産分割の相談を受け、回答する行為は法律行為とされるため、これを「業として」行う場合は弁護士法違反となります。

注:理解しておくべき法律用語等
①法律行為…意思表示という法律事実を不可欠の要素として構成される法律要件であり、意思表示の内容に従った法律効果(法律関係の変動)を生じさせる制度です。これに対して、意思表示を含まないものが「事実行為」になります。
②使　　者…本人の完成した意思を伝達する者、又は本人の決定した意思を相手方に表示し、意思表示を完成させる者です。したがって、使者の行為は「事実行為」です。
③各種隣接業法の規定ぶり
　1)税理士法第2条第1項、第2項　　5)宅地建物取引業法第2条
　2)司法書士法第3条　　　　　　　6)金融機関の信託業務の兼営等に関する法律(兼営法)
　3)行政書士法第1条の2第1項　　　　第1条第1項
　4)社会保険労務士法第2条第1項 7)弁護士法第3条第1項、第2項
④業とする…当該事務を反復継続して行い、又は反復継続して行う意思をもって行うことをいい、必ずしも有償であることを要しない(税理士法基本通達2-1)。

「TKC財産承継アドバイザー登録・更新研修会」資料より(一部改変)

その他の事項の確認

ポイント

遺言書が残されていたか否かについて、公正証書遺言や秘密証書遺言の場合には、公証役場で作成の有無を確認できます。また、令和2年7月10日より、全国の法務局で封をしていない自筆証書遺言の保管制度が開始されています。遺言による指定は遺産分割協議よりも優先されるので、遺言書の存否の照会と確認は欠かせません。

【解説】

1. 公正証書遺言

(1) 遺言書の存否の照会

遺言書が分割協議後に発見されると、実務上、大混乱することになりかねません。また、遺言書が複数ある場合には、民法第1023条第1項で、「前の遺言が後の遺言と抵触するときは、その抵触する部分については、後の遺言で前の遺言を撤回したものとみなす」と規定されており、この「後遺言優先の原則」が適用され、作成された日付が一番新しい遺言書が有効な遺言書となります。

公正証書遺言の作成の有無については、最寄りの公証役場で検索できますので（費用はかかりません）、必ず確認するようにしましょう。

平成元年（東京公証人会所属公証人作成の公正証書遺言は昭和56年1月1日、大阪公証人会所属公証人作成の公正証書遺言は昭和55年1月1日）以降に作成された公正証書遺言であれば、日本公証人連合会の遺言情報管理システムにおいて、全国の公証役場で作成された公正証書遺言の、作成公証役場名、公証人名、遺言者名、作成年月日等を管理してい

ますので、遺言の存否の照会は、全国どこの公証役場からでも請求できます。

なお、秘密保持のため、利害関係人のみが公証役場の公証人を通じて照会を依頼できることになっています。利害関係人とは、遺言者本人が生存中は本人のみで、本人が死亡した場合は、原則として相続人に限定されると考えられます。

検索によって判明するのは、遺言書の有無、どこの公証役場に保管されているかのみであり、遺言書の内容を知るためには、保管している公証役場に対し、遺言書の謄本（コピー）の交付を請求する必要があります。実務対応としては、事前に電話で当該公証役場に連絡を入れておくと、処理がスムーズです。謄本の交付を受ける場合の費用については、証書謄本1枚当たり250円になります。被相続人の死亡直前に作成されたこれらの遺言については、システムの関係上未登録となっている可能性があるため、時期を見て、再度照会した方が無難です。

(2) 公正証書遺言検索の手続き

①請求者（相続人）本人が手続きをする場合の必要書類等
　1）遺言した方の死亡が確認できる書類：除籍謄本など
　2）請求者が相続人であることを確認する書類：戸籍謄本
　3）請求者の本人確認書類：以下のa又はbのいずれか
　　a：顔写真付き官公署発行の身分証明書（運転免許証、マイナンバーカード等）
　　b：発行から3か月以内の印鑑登録証明書と実印

②請求者（相続人）の代理人が手続きをする場合の必要書類等
　1）遺言した方の死亡が確認できる書類：除籍謄本など
　2）請求者が相続人であることを確認する書類：戸籍謄本
　3）請求者の発行から3か月以内の印鑑登録証明書
　4）委任状（請求者本人の実印が押されているもの）
　5）代理人の本人確認書類：以下のa又はbのいずれか
　　a：顔写真付き官公署発行の身分証明書（運転免許証、マイナンバーカード等）

b：発行から３か月以内の印鑑登録証明書と実印

(3) 公正証書遺言検索に要する費用
①遺言検索自体は無料
②遺言公正証書原本の閲覧は、１回当たり200円
③謄本の交付は、証書謄本１枚当たり250円

2. 秘密証書遺言

秘密証書遺言は、遺言の内容を誰にも知られず存在だけを公証役場で証明してもらう遺言であり、公正証書遺言と自筆証書遺言の中間的な性質を有する遺言であるといえます。作成方法は、遺言者が遺言を作成し、その遺言書に署名押印を行います。これを封筒に入れて遺言書に押印したのと同じ印鑑を使って封印して、この封筒を、公証人と、証人２人の前に提出して、公証人に認証してもらいます。費用は定額で11,000円と決まっています。また、遺言の内容は公証人の関与がないため、相続開始後に遺言の検認を家庭裁判所に請求しなければなりません。

秘密証書遺言は、自筆証書遺言とは異なり署名以外の部分は自身で手書きする必要はなく、パソコン等で作成することも可能です。手軽で作成しやすい遺言書といえるでしょう。ただし、秘密証書遺言の原本は１通しか存在しませんから、破棄や未発見のリスク等が存在するため、保管方法等については気を遣う必要があります。秘密証書遺言の作成の有無については公正証書遺言と同じく、最寄りの公証役場で検索でき（費用はかかりません）、検索の手続きについても公正証書遺言とほぼ同じですので必ず確認するようにしましょう。

3. 自筆証書遺言

一般的に遺言と言われて真っ先に想像するのが、この自筆証書遺言でしょう。自筆証書遺言では、遺言者本人が①遺言の本文、②作成した日付、③氏名の全てを自筆で書き、認印でもよいので押印することが必要です。

民法改正により、遺言の本文を手書きすれば、財産目録はパソコン等で作成したものでもよくなり、通帳の写しや登記事項証明書のコピーに番号を付けたものも目録として使用できるなど、大変作成しやすくなった形式です。また、本人で保管している自筆証書遺言については、秘密証書遺言と同様に、相続開始後に遺言の検認を家庭裁判所に請求しなければなりません。

　自筆証書遺言は手軽に作成できる反面、その作成に第三者が介入しないため、偽造や変造等のリスクも他の形式よりも高いものといえます。そのため、自筆証書遺言の要件については民法によって厳格に定められており、実際の裁判でも形式要件を満たさず無効になったものもありますので、作成に当たっては十分な確認が必要です。

　また、秘密証書遺言と同じく自筆証書遺言は原本が1通しか存在しませんから、破棄や未発見のリスク等が存在するため、保管方法等については気を遣う必要があります。この保管の点については、遺言書保管法が新たに立法され、令和2年7月10日より全国の法務局で封をしていない自筆証書遺言の保管制度が開始されています。この制度を利用すると安心できるでしょう。

4. 自筆証書遺言書保管制度の活用

(1) 遺言書の保管場所

　自筆証書遺言の保管場所については、①遺言者の住所地、②遺言者の本籍地、③遺言者の所有する不動産の所在地のいずれかを担当する法務局（保管所）になります。保管申請手続が完了すると、遺言者の氏名、出生の年月日、遺言書保管所の名称及び保管番号が記載された保管証が交付されます。遺言者がご家族に自筆証書遺言を法務局（保管所）に預けていることをお伝えする場合には、この保管証により自筆証書遺言の保管所が確認できることになります。この保管証は再発行されませんので紛失しないよう注意が必要です。

(2) 死亡後の通知の希望

　遺言者が自筆証書遺言を法務局に保管する際の申請書で、「指定する者に対する死亡後の通知」を希望すれば、遺言書を保管している旨を指定した相続人等に通知してくれる制度があります。

(3) 遺言書保管事実証明書の交付の請求

　上記（1）の法務局（保管所）に遺言書保管事実証明書の交付請求をし、自分が相続人や受遺者等とする遺言書が保管されているかどうかの確認をすることができます。本制度は、遺言者の死亡後でなければ請求できません。

(4) 遺言書情報証明書の交付の請求

　この証明書は、目録を含む遺言書の画像情報が表示されるものであり、原本と相違がないことを法務局が保証する遺言書の内容の証明書となります。本制度は、遺言者の死亡後でなければ請求できません。必要書類等は下記のとおりです。

①交付請求書

　様式は、法務局の窓口や、法務省の「自筆証書遺言書保管制度」のサイトから入手できます。

②法定相続人全員の住所記載のある法定相続情報一覧図の写し（第2章第1節参照）

　②がない場合でも以下の1）〜3）の全てがあれば請求可能。

　　1）遺言者の出生時から死亡時までの全ての戸籍（除籍）謄本

　　2）相続人全員の戸籍謄本

　　3）相続人全員の住民票の写し

　　＊兄弟姉妹が相続人となる場合は、遺言者の父母の出生時から死亡時までの全ての戸籍（除籍）謄本も必要。

　　＊代襲相続が発生している場合は、被代襲者の出生時から死亡時までの全ての戸籍（除籍）謄本も必要。

③受取方法に応じて、以下の書類が必要

　【窓口での受取】

　　請求者の顔写真付き官公署発行の身分証明書（運転免許証、マイナ

ンバーカード等）

【郵便での受取】

　　請求者の住所氏名を記載した返信用封筒と切手

④**請求者に応じて、以下の追加書類が必要**

【受遺者、遺言執行者等が請求する場合】

　　請求者の住民票の写し

【法人が請求する場合】

　　法人の代表者事項証明書（作成後3か月以内のもの）

【法定代理人が請求する場合】

　　・親権者……戸籍謄本（作成後3か月以内のもの）

　　・成年後見人等…登記事項証明書（作成後3か月以内のもの）等

⑤**手数料**

　　1通につき1,400円（収入印紙で納付）

5. 金庫の内容物の確認

(1) 貸金庫

　銀行などの貸金庫を開扉する場合に、共同相続人全員、少なくとも複数の相続人が立ち会うことが望ましいです。もし、できないときには、必要に応じて公証人に対して、相続財産の把握のために、被相続人名義の銀行等の貸金庫の中身を点検・確認してほしい旨を依頼すれば、貸金庫を開扉し、その内容物を点検する「事実実験公正証書」を作成してくれます。事実実験公正証書も公正証書の一形態ですから、公正証書と同じ効力、すなわち証明力を有します。

　事実実験公正証書を作成しておけば、原本は公証役場に保存されるとともに、公務員である公証人によって作成された公文書であり、成立についての証明や疎明が不要（民訴法228②）であり、客観的で、かつ、高度の証明力を有するので、裁判上真正に作成された文書と推定され、証拠保全の効果が十分期待できます。

　この方法によれば、貸金庫内の内容物について共同相続人間で無用のトラブルを回避することができます。

(2) 自宅内金庫など

　自宅内金庫や文庫などの貴重品置き場を確認して何があるか把握し、相続財産に計上する必要があります。税務調査においても実地確認されることが多いので、必ず相続人等に家の中を調査してもらうことが重要です。

　貴重品と一緒にいろいろなメモ等が残されていることもあり、そのメモ等が新たな相続財産の発見の端緒ともなります。貴重品置き場の中に現金が残されていた場合には、写真を撮っておきます。お金に帯がしてある場合には、その帯に銀行名があるものが多く、日付印などが押印されていることもあります。これにより、過去の不明出金が解明されることもあります。

相続税申告の全体スケジュール

ポイント

相続税の申告においても当然スケジュール管理が大事です。受任はしたものの数か月連絡もせず放置することは言語道断です。依頼者と決めたスケジュールに沿って、書面による説明と相続人の確認を積み重ねることで信頼関係が構築され、適正な相続税の申告と納税を実現できます。相続税申告書作成システム（TPS8000/ASP8000）には必要な書類が多数用意されています。また、ProFITの「シス研オンライン・サポート」→「システム関連書式集等」にも掲載されています。

【解説】

1. 相続税申告業務の進め方

　相続税の申告業務を適正に進めていくには、関与先に対する月次巡回監査と同じように最低でも月に1回以上、相続人等と面会し、次のような説明・確認等を実施します。

　　①全相続人又は相続人等の代表者と、原則として1か月に1回以上直接面会又は状況に応じWebによる面談を実施して、説明、報告会を実施する。

　　②説明、報告は原則として書面で行い、口頭で補足する。

　　③説明、報告をした内容について、全相続人又は相続人等の代表者から確認を得る。

　　④全相続人又は相続人等の代表者は、遺産分割提案など選択肢のあるものについて検討する。

⑤次回までに実行するように依頼したこと、依頼されたこと、意思決定しておくべきことなどの宿題を再確認する。

⑥訪問記録簿を作成し、その都度相続人等の代表者の署名を頂く。

　相続人等に渡す報告書は、相続人等が知っておくべき相続税申告手続に関する基本的な内容を分かりやすく書面にまとめたもので、例えば「相続税申告のスケジュール」「資料収集のお願いと確認事項」「名義預金」「生前贈与財産」「遺産分割の工夫」「準確定申告及び消費税・地方消費税の申告」「納税方法の選択」などの項目が挙げられます。

　相続人への報告書には、制度の概要、適用要件などについて、専門用語をできるだけ避けながら図や設例などを用いて分かりやすく解説します。その上で、当該事案の事実関係に当てはめて適用の可否を示します。事実関係で不明な点があれば、これを明らかにする書類や事実関係の確認をする文章も挿入しておきます。不明点が明らかにならなかった場合には明らかにならなかったという事実を、提出された書類によって事実が明らかになった場合にはその書類の提出を受けた事実を、申述によって明らかになった場合には申述によって明らかになった事実を、訪問記録簿に記載しておき、後日添付書面に記載します。

　報告書の内容を口頭で説明する際には、専門用語を極力避け、年配の方がおられる場合にはできるだけゆっくり、大きな声でお話しすることが大事です。相続税申告に係る紹介者がいる場合には、相続人の了承の上で、相続人に説明する都度、紹介者に同席してもらい、税理士が説明している内容を相続人が理解しているか、それとなく観察していただき、理解度が不十分と思われるときは紹介者自らが質問することによって理解度を上げていく工夫なども必要となります。

　相続人を何度も訪問して会話を交わし、「被相続人の預貯金入出金確認表」や「被相続人及び親族の相続開始日の金融資産残高一覧表」「被相続人の過去10年間の概算推定収入・支出残高推移表」（第3章第1節参照）などの作成過程で、忘れていた事実を思い出すことも多く見受けられます。このような積み重ねこそが適正な申告を実現する上で非常に重要になります。

　これらを綿密に行っていない状態で、相続税の税務調査の現場にて、いきなり「〇月〇日に300万円の出金がありますが、使途はご存じでしょうか？」と調査官から聞かれても、被相続人が行ったことでもあり、また、緊張している状態なので、相続人が冷静にすらすらと答えることは困難です。そして、その場で答えられないと、より一層の緊張状態へと追い込まれることにもなります。

　相続税申告業務は、時間をかけて埋もれている事実関係を徐々に掘り起こしていく作業でもあります。その積み重ねの結果、「完全性宣言書」に署名押印を頂けるだけの事実関係の掘り起こしが可能となり、何よりも相続人との信頼関係が相互に構築されるのです。

2.　相続開始から3か月以内

(1)　相続税申告手続に係るタイムスケジュールを相続人に説明する

　相続税の申告期限までに、「何を」「いつ」「どのように」行う必要があるのかについて、相続税申告書作成システム（TPS8000/ASP8000）に被相続人の①住所、②氏名、③生年月日、④職業、⑤相続発生日等の必要事項を登録し、「相続税申告までの手続き（申告スケジュール）のご確認」（図1-3-1）を印刷します。書面にして、相続人に申告終了までのタイムスケジュールを分かりやすく説明します。

(2)　相続税申告に必要な資料等の収集と分担の確認

　相続税の申告に必要な資料等の収集について、相続人と、誰が必要書類を収集するのかを書面で確認する必要があります。相続税の申告は、税務申告自体が初めてという方が多いこと、また、日中お仕事をされている方も多いことから、スケジュールに基づき効率よく行わないと資料収集に時間がかかることが想定されます。通常は相続人が必要書類の収集をすることが多いようですが、税理士が必要書類の収集を行う場合には、ここで預貯金や有価証券等の名義書換えを一緒に請け負うのかどうかを書面で確認しておくことが非常に大切です。名義書換えを依頼された場合には、遺産整理業務を相続税申告業務と一緒に請け負うことにな

るので、遺産整理業務の報酬が発生することを説明し、見積金額を提示することが必要になります。相続税の申告では必要な書類が一度に全てそろうことはまずあり得ませんので、早めに打ち合わせをしなければなりません。

　この打ち合わせの際にも、相続税申告書作成システム（TPS8000/ASP8000）から出力できる「相続人様へのお願い」（図1-3-2）を印刷しお渡しします。よく、そのままお渡しだけするという話を聞きますが非常に不親切な対応になると思いますので、書面を用意して各項目を1つひとつ読み上げながらチェックを入れて確認をし、最後に署名を頂きます。このように1つひとつの作業を丁寧に進めていくことが、相続人の方々との信頼関係をより強固なものにしていきます。準備してもらう書類については日付と何通必要かも併せて記入します。預かる日程と必要部数を、あらかじめ指定しておくことはとても大切です。その理由は、少しでも早く相続税の概算額の提示をするためです。必要部数については、税務署へ提出するものや相続登記の際に必要なものまで考慮しお伝えしておく方が余分なコストが発生せず親切な対応になると考えます。

　また、「相続人様へのお願い」と併せて「マイナンバー（個人番号）の提供のお願い」（図1-3-3）「名義変更の手続きについてのご確認」（図1-3-4）や「生命保険金・年金等の請求手続きについてのご確認」（図1-3-5）もお渡しすることをお勧めします。

(3) 銀行や証券会社への過去7年間程度の取引記録の写しの請求

　相続税の申告実務の中で、金融資産の確認が最も困難で、かつ重要です。相続税の税務調査でも、修正申告の対象となる財産の大半を金融資産が占めており、改正により相続開始前贈与の加算期間が7年に延長されるのですから、被相続人の金融資産については、相続開始前7年ほど遡り、大口の資金の移動についてチェックすることが欠かせません。そのため、古い預金通帳や取引記録が保存されていない場合には、銀行や証券会社などから取引記録を取り寄せる必要があります。

　さらに、税務調査で問題となることが多い名義預金の存在の確認のために、被相続人の配偶者や親族についてもチェックが必要となり、同様

図1-3-1 相続税申告までの手続き（申告スケジュール）のご確認

相続税申告までの手続き（申告スケジュール）のご確認

依頼人：山田　一郎　　様　　　　　　　　　　　　　　令和 5年 8月21日

　故：山田　太郎　様に係る相続税の申告までの標準的な手順は、以下のようになりますのでご確認ください。なお、具体的な日程については、後日のご相談となります。

日　程	関連事項	備　考
相 続 の 開 始 [令和 5年 4月10日(月)]	□ 被相続人の死亡 □ 葬儀	死亡届の提出（7日以内） 葬式費用の領収書の整理・保管
	□ 四十九日の法要	[令和 5年 5月28日(日)]
	□ 遺言書の有無の確認 □ 遺産・債務・生前贈与の概要と 　相続税の概算額の把握 □ 遺産分割協議の準備	家庭裁判所の検認・開封 未成年者の特別代理人の選定 準備（家庭裁判所へ）
3 か 月 以 内 [令和 5年 7月10日(月)]	□ 相続の放棄又は限定承認 □ 相続人の確認	家庭裁判所へ申述
4 か 月 以 内 [令和 5年 8月10日(木)]	□ 百か日の法要	[令和 5年 7月18日(火)]
	□ 被相続人に係る所得税の申告・ 　納付（準確定申告） □ 被相続人に係る消費税・地方消 　費税の申告・納付	被相続人の死亡した日までの 所得税を申告 被相続人の死亡した日までの 消費税・地方消費税を申告
	□ 根抵当の設定された物件の登記 　（6か月以内） □ 遺産の調査、評価・鑑定 □ 遺産分割協議書の作成	[令和 5年10月10日(火)]
	□ 各相続人が取得する財産の把握 □ 未分割財産の把握 □ 特定の公益法人へ寄附等 □ 特例農地等の納税猶予の手続き	農業委員会への証明申請等
	□ 相続税の申告書の作成 □ 納税資金の検討	
1 0 か 月 以 内 [令和 6年 2月13日(火)]	□ 相続税の申告・納付 　（延納・物納の申請） □ 遺産の名義変更手続き	被相続人の住所地の税務署に 申告

（注）1．被相続人の事業を承継する場合の所得税や消費税の申請書等の提出期限
　　　　…別紙「事業承継の場合の申請書等の提出期限」参照
　　　2．相続税額の取得費加算の特例適用、未分割財産についての配偶者の税額軽減や小規模
　　　　宅地等・特定計画山林・特定事業用資産の特例適用
　　　　…申告期限後3年（令和 9年 2月13日(土)）以内に相続財産を譲渡又は未分割財産を分割

出典:TPS8000/ASP8000帳表

図1-3-2 相続人様へのお願い

相 続 人 様 へ の お 願 い

P - 1
令和 5年 8月21日

依頼人：山田　一郎　　　様

故：山田　太郎　様に係る相続税の申告にあたり、以下の各項目についてのご確認をお願いいたします。

Ⅰ 被相続人に関する確認事項

行	確 認 事 項	確 認	確認していただく書類	交付を受ける機関	書類の準 備	準備していただく日
1	被相続人について	□ 有	□ 被相続人の戸籍（除籍）謄本（出生から相続開始まで）の写し（相続開始後10日以後に作成されたもの）	本籍地の市区町村役所(場)	□ 要 □ 否	月　　日 （　　　通）
			□ 被相続人の住民票の除票（本籍と現住所が異なる場合）	住所地の市区町村役所(場)	□ 要 □ 否	月　　日 （　　　通）
2	確定申告はしていますか？	□ 有 □ 無	□ 被相続人の所得税確定申告書(控)		□ 要 □ 否	月　　日 （　　　通）
			□ 財産債務調書及び国外財産調書		□ 要 □ 否	月　　日 （　　　通）
3	今回の相続開始以前に相続により財産を取得していますか？	□ 有 □ 無	□ 前回の相続税の申告書		□ 要 □ 否	月　　日 （　　　通）

Ⅱ 相続人に関する確認事項

行	確 認 事 項	確 認	確認していただく書類	交付を受ける機関	書類の準 備	準備していただく日
1	相続について	□ 有 □ 無	□ 各相続人の戸籍謄本の写し（相続開始後10日以後に作成されたもの）	本籍地の市区町村役所(場)	□ 要 □ 否	月　　日 （　　　通）
			□ 法定相続情報一覧図の写し	住所地等の登記所	□ 要 □ 否	月　　日 （　　　通）
			□ 各相続人の住民票（本籍地の記載があるもの）	住所地の市区町村役所(場)	□ 要 □ 否	月　　日 （　　　通）
			□ 遺言書（認知に関する記載）		□ 要 □ 否	月　　日 （　　　通）
			□ 各相続人の①個人番号カードの写し、②通知カード（記載に変更が無いもの）の写し、③マイナンバーが記載された住民票の写しのいずれか		□ 要 □ 否	月　　日 （　　　通）
			□ 利用者識別番号の通知書等（相続税の電子申告を行う場合）		□ 要 □ 否	月　　日 （　　　通）

TKCコンピュータ会計　　　　　(TPS8000 Copyright(C) TKC)

出典：TPS8000/ASP8000帳表

相 続 人 様 へ の お 願 い

依頼人：山田　一郎　　　様

行	確 認 事 項	確 認	確認していただく書類	交付を受ける機関	書類の準 備	準 備 していただく日
2	配偶者が相続開始の年に被相続人から居住用不動産又はその取得のための金銭の贈与を受けていますか？	□ 有 □ 無	□ 居住用不動産の登記事項証明書 □ 配偶者の戸籍の附票の写し（相続開始後10日以後に作成されたもの）	登記所 本籍地の市区町村役所(場)	□ 要 □ 否 □ 要 □ 否	月　　日 (　　通) 月　　日 (　　通)
3	被相続人から相続時精算課税の適用を受ける贈与を受けていますか？	□ 有 □ 無	□ 贈与契約書、贈与税の申告書控え（相続時精算課税選択届出の年以後） □ 贈与税の申告内容の開示書 □ 被相続人の戸籍の附票の写し（相続開始後に作成されたもの）	 被相続人の死亡時の住所地の所轄税務署 本籍地の市区町村役所(場)	□ 要 □ 否 □ 要 □ 否 □ 要 □ 否	月　　日 (　　通) 月　　日 (　　通) 月　　日 (　　通)

Ⅶ 農地等納税猶予に関する確認事項

行	確 認 事 項	確 認	確認していただく書類	交付を受ける機関	書類の準 備	準 備 していただく日
1	相続税の納税猶予の適用を受けますか？	□ 有 □ 無	□ 農業委員会の適格者証明書等	農業委員会	□ 要 □ 否	月　　日 (　　通)
2	特定市の区域内の農地等がありますか？	□ 有 □ 無	□ 納税猶予の特例適用農地等該当証明書	所在地の市区町村役所(場)	□ 要 □ 否	月　　日 (　　通)
3	贈与税の納税猶予の特例の適用を受けていませんか？	□ 有 □ 無	□ 贈与税の免除届出書 □ 贈与税の申告書の控え		□ 要 □ 否	月　　日 (　　通)

上記の通り、確認した書類を添付します。

年　　　月　　　日

確認者　住所＿＿＿＿＿＿＿＿＿＿＿＿＿＿＿＿

＿＿＿＿＿＿＿＿＿＿＿＿＿＿＿＿

氏名＿＿＿＿＿＿＿＿＿＿＿＿＿＿＿＿

図1-3-3 マイナンバー（個人番号）の提供のお願い

令和 5年 9月21日（木）

東京都新宿区神楽坂
〇丁目△番×号
　山田　花子様

ＴＫＣコンピュータ会計

マイナンバー（個人番号）の提供のお願い

　マイナンバー法の施行に伴い、相続税申告書の作成・提出及びそれに関連する申請書・届出書等の作成・提出のために、マイナンバー（個人番号）をご提供いただく必要がございます。

　つきましては、お手数ですが、貴殿のマイナンバーを確認できる書類（個人番号カード裏面、通知カード(現在の氏名・住所等が記載されている場合に限ります)、マイナンバーが記載された住民票の写しのいずれか）の写しを下記の枠線内に貼り付け、郵送によりご返送くださいますようお願いいたします。

　　　返送先：〒162-0824　東京都新宿区揚場町2丁目1番
　　　　　　　ＴＫＣコンピュータ会計

（貼付欄）

　※当事務所では、貴殿から提供いただいたマイナンバー（個人番号）を、税務署への申告書等の提出以外の用途では使用しません。

以上

出典：TPS8000/ASP8000帳表

図1-3-4 名義変更の手続きについてのご確認

名義変更の手続きについてのご確認

P－1

依頼人：山田　一郎　　様　　　　　　　　　　　　　　　令和 5年10月24日

相続に関する名義変更の手続きには、以下のようなものがありますので、ご確認ください。

Ⅰ．相続開始後に行うもの

行	項　目		期　限 (相続開始後)	手　続　先	必　要　書　類　等
1	□ 公共料金	電　気		電力会社	□ 領収書（旧使用者番号）
		ガ　ス		ガス会社	□ 領収書（旧使用者番号）
		水　道		水道局	□ 領収書（旧使用者番号）
		電　話		電話会社	□ 領収書（旧使用者番号）
2	□ 公共料金の口座振替の変更			取扱いの金融機関	□ 口座一括振替書 □ 金融機関の通帳及び通帳の印鑑
3	□ クレジットカードの退会			クレジットカード会社	□ 解約届
4	□ 役員変更登記		2週間以内	法務局（司法書士へ依頼）	□ 役員変更登記申請書 □ 死亡届出書
5	□ 固定資産税（相続登記前に1月1日を過ぎた場合）			市町村の税務課	□ 相続人の代表者指定届

(注) 上記の必要書類等は、被相続人・相続人の状況や地域により異なる場合がありますので、詳しくはそれぞれの手続先にご確認ください。

Ⅱ．遺産分割前の預貯金の払戻し
　各相続人は、次の①と②の低い方の金額を上限として単独で払戻しを受けることができます。
　①一口座ごとに「相続開始時の預貯金の残高 ×　1／3　×　法定相続分」
　②一金融機関ごとに１５０万円

行	項　目	期　限 (相続開始後)	手　続　先	必　要　書　類　等
1	□ 遺産分割前の預貯金の払戻し		金融機関	□ 被相続人の戸籍（除籍）謄本及び相続人全員の戸籍謄本、または、法定相続情報一覧図 □ 払戻請求する相続人の印鑑証明書

Ⅲ．遺産分割協議終了後に行うもの

行	項　目	期　限 (相続開始後)	手　続　先	必　要　書　類　等
1	□ 自動車		自動車登録代行センター（ディーラーが代行）	□ 被相続人の戸籍（除籍）謄本及び相続人全員の戸籍謄本、または、法定相続情報一覧図 □ 被相続人の住民票の除票 □ 遺産分割協議書 □ 相続人の印鑑証明書・印鑑 □ 自動車検査証

図1-3-5 生命保険金・年金等の請求手続きについてのご確認

生命保険金・年金等の請求手続きについてのご確認

P－1

依頼人：山田　一郎　　　様　　　　　　　　　　　　　　　　　　令和 5年10月24日

Ⅰ．生命保険金等の請求手続き

行	項　目	期　限 (相続開始後)	手　続　先	必　要　書　類　等
1	死亡保険金 □ ①生命保険		生命保険会社	□ 保険会社所定の請求書 □ 保険証券 □ 保険会社所定の死亡診断書又は検案書 □ 保険会社所定の同意書 □ 被相続人の戸籍（除籍）謄本 □ 相続人の戸籍謄本 □ 相続人の印鑑証明書 □ 事故証明書（交通事故の場合）
	□ ②損害保険		損害保険会社	□ 保険会社所定の請求書 □ 保険証券 □ 保険会社所定の死亡診断書又は検案書 □ 被相続人の戸籍（除籍）謄本 □ 相続人の戸籍謄本 □ 相続人の印鑑証明書 □ 事故証明書（交通事故の場合） □ 保険会社所定の事故報告書

Ⅱ．年金等の請求手続き

行	項　目	期　限 (相続開始後)	手　続　先	必　要　書　類　等
1	□ 未支給年金		死亡者の所轄年金事務所	□ 年金証書 □ 被相続人の戸籍（除籍）謄本 □ 請求者の戸籍謄本 □ 銀行の通帳及び通帳の印鑑 □ 被相続人と請求者の住民票
2	遺族年金 □ ①国民年金 □ ②厚生・共済年金	5年以内	市区町村の役所（保険年金課） 勤務先の年金事務所	□ 裁定請求書 □ 死亡者と請求者の年金手帳 □ 死亡者と請求者との身分関係を明らかにすることのできる戸籍抄本 □ 死亡診断書 □ 銀行の通帳及び通帳の印鑑
3	□ 遺族補償給付	5年以内	労働基準監督署	□ 死亡診断書 □ 相続人の住民票 □ 印鑑 □ 保険証 □ 遺族補償年金支給請求書（遺族補償年金の場合） □ 遺族補償一時金支給請求書（遺族補償一時金の場合） □ 遺族補償年金前払一時金支給請求書（遺族補償年金前払一時金の場合）

TKC
09999001　　　　　　　　　　　ＴＫＣコンピュータ会計　　　　　　（TPS8000　Copyright(C) TKC）

に取引記録を取り寄せなければならないこともあります。この確認事項は相続人において拒絶感が発生することがよくありますので、その理由を丁寧にお話しして理解していただく必要があります。資料の収集ができたら、順次、大口の預金の引出しとその資金使途の突合を行い、家族間での預金の移動がないかなどの確認を行います。

　銀行や証券会社に預けている金融資産については、最初はどの相続人も税理士にはなるべく見せない、話さないということが多いように思います。しかし、税務調査を受けると、銀行や証券会社の口座は10年間の全記録が残っているため、資金の移動などの動きは全て調べられるので、被相続人の資金移動はもちろん配偶者や親族についても、銀行や証券会社の口座をチェックしておかなければならないということを、相続人に何度も根気よく説明し、理解してもらう必要があります。

　土地の評価については、税務署との見解の相違ということはありますが、金融資産については全てがハッキリしているため、見解の相違ということはほとんどありません。ここで全て把握しておかないと、調査終了後、金融資産の未計上により修正申告書を提出することとなった場合、この金融資産については、配偶者の税額軽減規定が使えなくなることもあります。そして結果的に大きな納税額が発生して、納税者とのトラブルになる危険性があるので注意しなければなりません。

(4) 生前贈与財産の概要確認

　被相続人が生前に相続人に対して贈与をしていた場合には、現在、暦年課税制度の①特例贈与財産と②一般贈与財産、相続時精算課税制度の③一般贈与財産と④住宅取得等贈与資金、⑤住宅取得等資金贈与非課税措置、⑥教育資金一括贈与非課税措置、⑦結婚・子育て資金一括贈与非課税措置、という7つの制度があります。

　①及び②の暦年課税による贈与については、令和6年1月1日以後の贈与については、相続開始前の贈与財産の加算期間が相続開始前「3年以内のもの」から「7年以内のもの」に延長されることとなりました。これに伴い、相続又は遺贈により財産を取得した者は、相続開始前7年（改正前：3年）以内に被相続人から贈与により取得した財産がある場合には、

その贈与により取得した財産の贈与時の価額を相続税の課税価格に加算して相続税額を計算することになります。

　なお、基礎控除額110万円控除前の金額も加算されますが、改正前の3年から延長される4年間に受けた贈与については、少額の贈与に考慮して、期間延長された4年間の加算対象額から総額で100万円を控除した残額が相続税の課税価格に加算されます。また、この改正には一定の経過措置が設けられており、令和9年1月1日までの相続については従来どおり3年以内加算のままですが、それ以後の相続については3年以上の期間の贈与分が相続財産に加算されることになります。

　③及び④の相続時精算課税による贈与については、一度選択をしたら、その後のその贈与者からの贈与については、全て相続税の申告に取り込んで申告をしなければなりません。令和6年1月1日以後の贈与からは、相続時精算課税制度に年間110万円の基礎控除が創設され、相続時精算課税を選択している場合には年間110万円以下の贈与については申告不要となり、かつ相続税の申告時に加算しなくてよい取扱いとなっています。

　⑤の非課税特例による贈与は、一定の要件の下、令和5年12月31日まで1,000万円を限度に贈与税が非課税となる特例です。贈与した時点ですべてが終了し、その非課税額については相続財産に加算する必要はありません。

　⑥の非課税特例による贈与は、一定の要件の下、令和8年3月31日まで1,500万円を限度に贈与税が非課税となる特例です。この特例では、贈与者死亡時の管理残額を、受贈者が贈与者から相続等により取得したものとみなされ相続税が課税されることになりますが、受贈者が23歳未満又は在学中である場合等には加算の対象外となっています。ただし、令和5年4月1日以後の贈与について、贈与者の死亡に係る相続税の課税価格の合計額が5億円を超えるときには、加算の対象外とはなりません。また、受贈者が30歳に達した場合等には契約が終了し管理残額に贈与税が課税され、特例税率ではなく一般税率が適用されることになります。

　⑦の非課税特例による贈与は、一定の要件の下、令和7年3月31日まで1,000万円を限度に贈与税が非課税となる特例です。この特例では、贈与者死亡時の管理残額を、受贈者が贈与者から相続等により取得した

ものとみなされ相続税が課税されることになります。また、令和5年4月1日以後の贈与について、受贈者が50歳に達した場合等には契約が終了し管理残額に贈与税が課税され、特例税率ではなく一般税率が適用されることになります。

　贈与をしている場合には、相続人全員に全ての贈与税の申告書をそろえてもらうことはもちろんですが、適正な相続税の申告と納税を行うためにも、所轄の税務署に贈与税の申告内容の開示を請求することをお勧めします。

(5) 相続税の概算税額の試算と提示

　税理士に対するクレームに、「説明をしてくれない」というものがあります。相続税の申告業務を税理士に依頼し、指示された資料を提示したにもかかわらず、「進捗状況などについて報告も連絡も全くない」などのクレームを時々耳にします。また、相続税の特例をどのような判断基準でどのように適用したのかについても説明を行わずに、税理士が独断で申告書を作成してしまっていることも少なからずあるようです。

　相続人は、納付すべき相続税がどのくらいの金額なのか、相続財産の預貯金などから納税が可能なのか、などについて概算でもいいから早く知りたいと願っています。そこで、被相続人の固定資産の名寄帳などが入手できたら、路線価地域であれば正面路線価と地積と利用区分を反映させて計算し、その他の財産は概算数値を入力するなどして相続税の総額を試算し、相続税の申告書様式を利用して、できるだけ早く提示することが大切です。その場合、相続税の申告書に記載する相続人等の氏名・ふりがな・住所・職業・電話番号などについても念のため確認するようにします。

　その後は、毎回の定期面談の際に、新たに収集できた資料や事実関係を基に相続税の申告データを上書きして申告書の精度を高めていくようにします。このように、毎回、相続税の申告書様式を提示しながら相続人に説明をすることで、徐々に相続人は申告内容を理解するようになっていきます。

3. 相続開始から4～6か月以内

(1) 共同相続人への第1回目の説明会

　相続税の申告業務は、特定の相続人から依頼を受けることが多いと思われます。その場合、他の共同相続人は相続税の申告を担当する税理士が、自分にとって有益なアドバイスをしてくれるのか疑問に感じていることが少なからずあります。この共同相続人へのフォローを怠ると、場合によっては今後のスケジュールに大きな影響を及ぼすこともあります。

　そこで、税理士として公正・中立の立場で適正納税を実施したいということを、できるだけ早く共同相続人全員に理解をしてもらうために、収集できた資料を基に簡易な財産目録を作成し、第1回目の説明会を開催するようにします。その際には、相続税の申告期限までのタイムスケジュール、相続に係る法定相続分や遺留分などの説明を、書面を用いて行うようにします。

　そして相続税の申告期限までに遺産分割協議が調うことが、共同相続人にとって税務上大きなメリットがあることを説明し、そのために、専門家として、かつ公正・中立な立場の「行司役」として、共同相続人の相談に乗りアドバイスすることも併せて伝えておかなければなりません。

(2) 準確定申告及び消費税・地方消費税の申告 (4か月以内)

①所得税の準確定申告

　その年の1月1日から死亡日までの所得税について、相続人（包括受遺者を含む）は、相続開始のあったことを知った日の翌日から4か月を経過した日の前日（同日前に相続人が出国する場合には、その出国の時）までに、死亡した人について一般の確定申告書に準じた確定申告書（以下「準確定申告書」）を、死亡した人の死亡した当時の納税地の所轄税務署長に提出しなければなりません（所法124①）。

　なお、この準確定申告書には、各相続人の氏名、住所、被相続人との続柄、及び限定承認した場合にはその旨等を記載した「死亡した者の所得税及び復興特別所得税の確定申告書付表（兼相続人の代表者指定届出書)」を添付することになっています。

例えば、その年2月15日に父が死亡した場合には、前年分の所得税の準確定申告と、当年1月1日から2月15日までの所得税の準確定申告を、それぞれその年の6月15日までに、相続人が、父に代わって申告することとなります。

この場合、所得税が還付されるときには未収入金として相続財産を構成し、納付すべき税額がある場合には債務として相続財産から控除することができます。なお、納税地は被相続人の死亡時の住所地の所轄税務署となります。

②消費税の準確定申告

課税期間の中途で死亡した事業者の消費税の申告義務は、相続人が承継することになります。なお、相続があった年の課税期間開始の日から相続した日までにおける課税資産の譲渡等に係る消費税の確定申告書は、その相続があったことを知った日の翌日から4か月を経過した日の前日までに、被相続人の死亡当時の納税地の所轄税務署長に提出することになっています（消法45③）。

また、前年分の消費税確定申告書を提出すべき個人事業者が、確定申告書の提出期限までに提出しないで死亡した場合も、その相続人が申告義務を承継することになります。この場合の確定申告書の提出期限は、その相続があったことを知った日の翌日から4か月を経過した日の前日までです（消法45②）。

これらは、「死亡した事業者の消費税及び地方消費税の確定申告明細書」に記載して提出します。

(3) 所得税の青色申告承認申請書の提出

所得税の青色申告の承認を受けていた被相続人の業務を相続等したことにより、相続人等が新たに青色申告の承認申請をする場合、その相続開始の時期により申請をする期限が異なります。相続の開始が、その年の1月1日から8月31日までの場合は死亡の日から4か月以内に、9月1日から10月31日までの場合は、その年12月31日までに、11月1日から12月31日までの場合は、翌年2月15日※までに「所得税の青色申

告承認申請書」を提出する必要があります（所法144）。

※翌年2月15日までを翌年3月15日までと勘違いしないようにしましょう。相続開始年分の所得税青色申告承認申請は翌年2月15日までです。相続開始翌年分の青色承認申請は翌年3月15日までが申請期限となります。

| 図1-3-6 | 「所得税の青色申告承認申請書」の提出期限一覧 |

対象者・申告状況等		相続開始日・所得税の青色申告承認申請書の提出期限等				
被相続人	相続人	1/1～1/15	1/16～3/15	3/16～8/31	9/1～10/31	11/1～12/31
白色申告	白色申告	3/15が提出期限		相続開始年適用なし		
白色申告	新規開業	3/15が提出期限	相続開始日から2か月以内が提出期限			
青色申告	白色申告	3/15が提出期限		相続開始年適用なし		
青色申告	新規開業	相続開始日から4か月以内が提出期限			12/31が期限	翌年2/15が期限

（4）消費税課税事業者選択届出書の提出

　被相続人が提出した「消費税課税事業者選択届出書」の効力は、相続により当該被相続人の事業を承継した相続人には及びません。したがって、事業を承継した相続人がこの規定の適用を受けようとするときは、当該相続人は新たに「消費税課税事業者選択届出書」を提出しなければなりません（消法9④）。

　そこで、事業を営んでいない相続人が相続により被相続人の事業を承継した場合や、個人事業者である相続人が相続によりこの規定の適用を受けていた被相続人の事業を承継した場合において、当該相続人が相続のあった日の属する課税期間中に「消費税課税事業者選択届出書」を提出したときは、当該課税期間は課税事業者に該当します。

| 図1-3-7 | 「消費税課税事業者選択届出書」の提出期限一覧 |

相続人の区分	被相続人の届出	届出書の提出期限
事業を承継して新たに事業を開始する相続人		相続開始日の属する課税期間の末日
相続開始以前から事業を継続している相続人	届出書を提出済	相続開始日の属する課税期間の末日
	届出書を未提出	相続開始日の属する課税期間は選択不可

　ちなみに、免税事業者である相続人が相続により被相続人の事業を承継した場合の相続人の消費税の納税義務は以下のとおりです。

　相続があった年においては、

①相続があった年の基準期間における被相続人の課税売上高が1,000万円を超える場合は、相続があった日の翌日からその年の12月31日までの間の納税義務は免除されません。

②相続があった年の基準期間における被相続人の課税売上高が1,000万円以下である場合は、相続があった年の納税義務が免除されます。ただし、相続人が課税事業者を選択しているときは、納税義務は免除されません。

　相続があった年の翌年又は翌々年においては、

③相続があった年の翌年又は翌々年の基準期間における被相続人の課税売上高と相続人の課税売上高との合計額が1,000万円を超える場合は、相続があった年の翌年又は翌々年の納税義務は免除されません。

④相続があった年の翌年又は翌々年の基準期間における被相続人の課税売上高と相続人の課税売上高との合計額が1,000万円以下である場合は、相続があった年の翌年又は翌々年の納税義務が免除されます。ただし、相続人が課税事業者を選択しているときは、納税義務は免除されません。

(5) 消費税簡易課税制度選択届出書の提出

　「消費税簡易課税制度選択届出書」についても上記（4）と同様の規定の適用があります（消法37①）。

図1-3-8　「消費税簡易課税制度選択届出書」の提出期限一覧

相続人の区分	被相続人の届出	届出書の提出期限
事業を承継して新たに事業を開始する相続人		相続開始日の属する課税期間の末日
相続開始以前から事業を継続している相続人	届出書を提出済	相続開始日の属する課税期間の末日
	届出書を未提出	相続開始日の属する課税期間は選択不可

（6）相続に伴う適格請求書発行事業者の登録

　適格請求書発行事業者である被相続人が死亡した場合、その相続人は「適格請求書発行事業者の死亡届出書」を提出する必要があり、届出書の提出日の翌日又は死亡した日の翌日から4か月を経過した日のいずれか早い日に登録の効力が失われます。

　また、相続人が既に登録を受けていた場合を除き、相続により事業を承継した相続人が適格請求書発行事業者の登録を受けるためには、相続人は登録申請書の提出が必要となります。

　なお、相続により適格請求書発行事業者の事業を継承した相続人の相続のあった日の翌日から、その相続人が適格請求書発行事業者の登録を受けた日の前日又はその相続に係る適格請求書発行事業者が死亡した日の翌日から4か月を経過する日のいずれか早い日までの期間については、被相続人の登録番号を相続人の登録番号とみなし、相続人を適格請求書発行事業者とみなす措置が設けられています。登録申請書の提出から登録通知を受けるまでには、その審査等に一定の期間を要しますので、相続により事業を承継した相続人が適格請求書発行事業者の登録を受ける場合は、早めに登録申請書を提出しなければなりません。

　また、被相続人が登録を受けた後に相続が開始した場合には、相続があった年においては、小規模事業者に係る税額控除に関する経過措置（2割特例）を適用できることとされています。

（7）遺産未分割の場合の各種届出書の提出

　遺言書がある場合を除いて、上記の各種届出書の提出期限までに遺産分割が確定していることは、通常ほとんどありません。遺産未分割の場合には、各相続人が法定相続分によって取得したものとして各種届出をすることとなります。例えば、相続人のうちの特定の者が不動産所得を生ずる賃貸物件を相続することが確実だとして、その特定の者だけが青色申告承認申請書を提出していたが、その後の分割協議で他の者が取得することとなった場合、その者の相続開始年分の不動産所得について青色申告をすることができなくなります。無駄になるかもしれませんが、相続人全員について青色申告承認申請書を提出することが重要です。

(8) 贈与税の申告内容の開示請求手続

　相続税の申告や更正の請求をしようとする者は、他の相続人等が被相続人から受けた①相続開始前3年以内（令和6年1月1日以後の贈与については3～7年以内）の贈与、又は②相続時精算課税制度適用分の贈与に係る贈与税の課税価格の合計額について、開示を請求することができます（相続税法第49条第1項の規定に基づく開示請求書）。

　この開示請求は、被相続人の死亡時の住所地等を所轄する税務署長に、相続税の申告や更正の請求をしようとする者が、被相続人が死亡した年の3月16日以後に請求します（相法49①）。

　なお、相続時精算課税に係る権利・義務を承継した者が開示請求する場合で、その承継した者が2人以上の場合は開示請求を連名で提出することとされています。開示請求を連名で提出する場合は、代表者を指定します。

(9) 被相続人の遺産・債務の調査と確定

　前もってお渡ししてあった書面、相続税申告書作成システム（TPS8000/ASP8000）の「相続人様へのお願い」（本節2参照）にある事項の資料収集と、それに基づく事務所の調査確認事項等を基に、同システムの「相続申告業務チェックリスト」「土地・家屋等評価業務チェックリスト」「自社株評価業務チェックリスト」「上場株式等評価業務チェックリスト」「その他の財産評価業務チェックリスト」に従って、遺産・債務の確定を行います。

(10) 被相続人の不動産の現地確認

　相続財産の多くを占める不動産のうち、特に路線価地域の土地等については、建築基準法や都市計画法など各種法令上の規制等の確認が欠かせません。

　そのためには、まず現地に赴き、道路の状況や周辺の環境をしっかりと観察して、どのような法令上の規制があるかなどの概要を把握します。その後、市役所など所管する関係部署で確認し、規制に関する資料を収集するようにします。分からない場合には、依頼者のご承認の下、不動

産関連の提携企業に相談すると、情報収集、資料収集などをご支援いただける場合もあります。

確認に時間を要することもありますので、早めに作業に着手したいものです。

(11) その他の手続き

土地評価をする場合に、市街化区域内であるにもかかわらず路線価の記載のない道路や、区画整理地内のため、まだ路線価の付されていない道路等は、税務署において特定路線価をつけてもらう必要があります（評基通14-3）。また、土地の鑑定評価をする場合には、早めに不動産鑑定士に依頼しておかなければなりません。

骨とう品や美術品についても、早めに専門家に時価鑑定を依頼しておく必要があります。

4. 相続開始から7〜8か月以内

(1) 財産評価についての課税庁との事前協議

土地等の相続税評価では、特殊事情のあるものなど評価に困難を伴うものも存在します。その場合は、評価方法や課税上の取扱いなどについて、課税庁との事前の協議を行うことが実務対応としては望ましいと考えます。課税庁と事前協議を行う際のポイントは、前提条件や税理士としての見解などを書面にまとめ、事実確認ができるように必要資料なども添付して行うことです。課税庁側は税理士の見解に対して、首を縦に振るか、横に振るかの意思表示のみをしますので、しっかりと書面や添付資料を整備しておくことが大切です。

このように、事前に課税庁と協議する時間的余裕があればよいのですが、申告期限が迫っているなど事前協議が困難なケースもあると思います。期限後申告になってしまうと加算税や延滞税等が生じ、不利な取扱いを受けることになるので、これは絶対に避けなければなりません。そこで、当初申告では、とりあえず確実な評価（結果として過大な評価）により申告し、事実関係が確定した後や、評価方法について課税庁と確

認ができた後に、更正の請求をすることで対処するのも一つの選択肢といえます。

なお、更正処分を受けた場合の立証責任は原則として課税庁側が負うとされていますが、更正の請求を行った場合の立証責任は納税者側が負うことになるので注意してください。

(2) 遺産分割案ごとの共同相続人の相続税負担額比較など、シミュレーションの実行

相続税に関する法令及び通達等には、共同相続人等が適用要件等を満たしてさえいれば、選択を行うことができる項目が数多くあります。

そのため、税務判断や税務申告処理等について、共同相続人と税理士との間においても、医療現場における医師と患者との間で既に実践されているようなインフォームド・コンセント（十分な説明と同意）が大切です。税理士に対する損害賠償請求の激増の一因は、このインフォームド・コンセントが実践されなかったり、不十分であったりすることによるものと思われます。

そこで、税理士は、この時期においても、遺産分割協議に際して、共同相続人間の利害にも配慮しながら、税の優遇制度をフルに利用することで、税負担を軽減させる具体策を盛り込んだ複数の遺産分割案を提示し、相続税額をシミュレーションし、その内容を分かりやすく説明し、共同相続人が十分に比較検討できる材料と時間を与えるようにしなければなりません。

相続税申告書作成システム（TPS8000/ASP8000）では、最大10件の遺産分割案が作成できます。

(3) 相続人ごとの相続税の納税方法の確認と準備

遺産分割協議と並行して、相続人ごとの相続税の納税方法についても確認と準備が必要です。延納を選択する場合は、原則として担保の提供が求められますので、どの財産を担保提供するのかについての検討が必要です。

また、物納を選択する場合は、金銭納付困難事由の要件を満たすため

の遺産分割の工夫も必要です。土地の物納を行う場合には、測量図面なども添付する必要があることから、できるだけ早く着手しなければなりません。

(4) 貴重品の保管状況の確認

　税務調査になれば、必ず貴重品の保管状況の確認が実施されますので、予め税理士立会いの下で確認を行っておくようにします。預金通帳や実印などの貴重品は、家の中の金庫や、袋に入れてたんすの中に置いてあることがあります。また、古い紙幣や記念硬貨などを大切にしまっていることもよくあります。さらに、定期預金や証券会社の計算明細書などが金庫などに一緒に保管されていることもあります。

　実印や銀行の届出印などの印章は通常は一緒に保管されています。税務調査では必ずこれらの印影は写しを取られ、事前に金融機関から入手した被相続人や相続人の預貯金等の届出印と突合し、印章が誰の管理下にあったかということの判断材料とされます。

　銀行の貸金庫も税務調査の対象となりますので、同様に確認をしておき、税務調査で誤解を生じる可能性のある資料などはきちんと整理をしておくようにします。

　これらは相続人代表者が単独で行わず、可能な限り相続人全員で確認し、遠方の居住者や都合で参加できない相続人には了承を得た上で実施します。その場で事実関係を訪問記録簿に記載して参加者に確認の署名を頂き、参加できなかった相続人には後で報告します。参加できなかった相続人へのフォローを怠ると、場合によっては今後のスケジュールに大きな影響を及ぼすこともあります。

5. 相続開始から9〜10か月以内

(1) 延納・物納の場合の申請手続

　相続税の納税については、①何年かにわたって金銭で納める延納と、②相続又は遺贈でもらった財産そのもので納める物納という制度があります。この延納又は物納を希望する場合には、申告書の提出期限までに

税務署に申請書などを提出して許可を受ける必要があります（相法39 ①、42 ①）。

(2) 遺産分割協議書の作成

遺言書がない場合には、財産目録を基に共同相続人間で遺産分割協議を行い、税理士は前項の（2）のようにそのサポートをした上で、協議がまとまれば遺産分割協議書を作成します※。遺産分割協議がスムーズに進めばよいですが、難航する場合もあります。相続税の申告期限内に遺産分割協議が調わないときには、相続税の特例の適用を受けることができなくなるので、相続税の申告期限内に共同相続人が協力して少しずつ譲り合って遺産分割協議が調うよう、税理士は最後まで、公正・中立の立場で行司役を担わなければなりません。

※ 14頁「Q11」参照。

(3) 相続税の申告書の作成と提出

相続税の申告書の「財産を取得した人」の「氏名」欄は、できれば相続人それぞれに自筆で記入してもらい、実印を押印してもらいます。

相続税の申告書は製本し、相続税の申告の際に提出しなければならない書類や財産評価に必要な資料などを添付の上、申告期限内に被相続人の納税地の税務署長に提出します（相法27 ①）。期限に遅れると無申告加算税が課せられ、その上、農地や非上場株式等の相続税の納税猶予の適用や、延納・物納の適用も受けられず、相続人が多額の損害を被ることになるので、余裕をもって申告期限よりも2～3日早めに提出するようにしましょう。

また、相続税申告書を電子申告により提出する場合の添付書類については、イメージデータ（PDF形式）による送信又は別途書面による提出に限られていましたが、令和4年1月1日以後の申告手続から、光ディスク等による添付書類の提出が可能になりました。ただし、光ディスク等の提出は、電子申告による相続税申告の添付書類についてのみ行うことができます。もちろん、電子申告により提出する場合には、電子申告同意書（図1-3-9）を受領するようにしましょう。

　また、相続税の申告書の控えは何人分用意する必要があるのかを相続人等に確認し、税務署に提出したものと同様のもの、すなわち、相続税の申告書の控えだけでなく、申告に際して提出した添付資料一式も一緒にまとめて、必要部数をお渡しするようにします。

(4) 法定申告期限までに遺産分割協議が調わない場合

　相続税の申告書を提出する場合において、共同相続人間でまだ相続財産の分割協議が成立していないときは、民法に規定する相続分又は包括遺贈の割合に従って財産を取得したものとして、各相続人間の相続税の課税価格を計算することとなります。その際、相続税の特例である「小規模宅地等についての相続税の課税価格の計算の特例」や、「配偶者の税額軽減の特例」などが適用できないことになりますが、相続税の申告書に「申告期限後3年以内の分割見込書」を添付して提出しておき、相続税の申告期限から3年以内に分割された場合には、適用を受けることができます。この場合、分割があったことを知った日の翌日から4か月以内に更正の請求を行うことができます。

　また、相続税の申告期限の翌日から3年を経過する日において、相続等に関する訴えが提起されているなど一定のやむを得ない事情があり、特例の適用を受けたい場合には、申告期限後3年を経過する日の翌日から2か月を経過する日までに、「遺産が未分割であることについてやむを得ない事由がある旨の承認申請書」を提出しなければなりません。その申請について所轄税務署長の承認を受けた場合には、判決の確定の日など一定の日の翌日から4か月以内に更正の請求をすることにより、「小規模宅地等についての相続税の課税価格の計算の特例」や「配偶者の税額軽減の特例」などの特例の適用を受けることができます。

　判決の確定の日などは、税理士側だけでは情報を確認できないため、相続人のみならず弁護士も含め、しっかりとコミュニケーションをとることが重要になります。

　また、相続人が被相続人から生前に特別受益を受けている場合には、被相続人が相続開始時において所有していた財産の価額にその特別受益等の相続時の価額を加えたものを相続財産とみなし、相続分の中からそ

図1-3-9 電子申告同意書

令和5年10月25日

電 子 申 告 同 意 書

ＴＫＣコンピュータ会計　殿

東京都新宿区神楽坂
住　　　所 ： ○丁目△番×号

氏　　　名 ： 山田　一郎　　　　　　　印

　国税および地方税の税務申告書類の電子申告を委任いたします。委任するにあたり、以下の事項に同意します。

1．国税の「利用者識別番号」と「納税用確認番号」の貴事務所への通知と利用
2．地方税の「利用者ＩＤ」の貴事務所への通知と利用
3．「メッセージボックス」の内容の貴事務所への通知と利用
4．電子申告データおよび税務代理権限証書データへの電子署名
　　なお、税理士関与者の電子署名が省略可の場合は、電子署名を省略します。

以上

出典：TPS8000/ASP8000帳表

の特別受益等の価額を控除した残額が特別受益者の相続分となります。相続財産が未分割である場合には、特別受益の持戻しについても民法の規定に応じて算出し、各共同相続人の課税価格を計算することとなります。

(5) 完全性宣言書・添付書面・税務代理権限証書及び確認書への署名押印

　相続税申告書に押印を頂く際に、先に説明した「完全性宣言書」に相続人全員の署名押印を頂きます。税理士に対し「法が求める真正の事実を踏まえた内容であるべきことを深く認識し、相続開始日における被相続人の所有に係る全ての財産及び債務（葬式費用を含む）並びに相続開始前の生前贈与、その他相続税申告に影響を及ぼす一切の問題について、私たちが知る限りの真実を報告し提示したことを宣言」し、「税理士法第33条の2第1項に規定する添付書面の内容を確認」し、「仮装隠蔽の事実及び許されない租税回避行為を行った事実がないことを宣言」していただきます。

　税理士が当初からグレーゾーンとして指摘した事項などについて、相続人との協議の上、課税関係を確定させて申告したものの、課税庁との見解の相違でやむなく修正申告を行うことになる可能性もあります。そのため、確認書は、会議の議事録の要領で、相続人との協議の都度、作成するとよいでしょう。税法上の特例選択に関する事項についての確認や、特別に処理した事項についての確認等も記録します。そして、申告書に署名押印してもらうときに、併せて確認事項を再確認してもらった上で、確認書（議事録）綴の表紙に相続人全員の署名と押印を頂くようにします。

　最後に、書面添付について、再度その趣旨を説明し、相続人全員に対し、添付書面の記載内容の全文を読み上げて、その内容に間違いがないかどうかを確認の上、電子申告でない限り、税務代理権限証書と共に相続人全員の署名を頂きます。もちろん、申告書に添付する添付書面には署名しないものを付けますが、その内容を確認してもらうことが非常に重要です。

(6) 相続財産から相続税を納付する場合の預金等の相続手続

　相続税の納税に当たり、相続財産である預貯金から納税する予定の場合には、その預貯金に係る部分の相続人への名義変更等を早めに行う必要があります。この場合は、遺産分割協議書を作成し、金融機関所定の書類等に共同相続人全員が署名押印するなどの手続きが必要です。

　また、相続人固有の預貯金から納税する場合には、特段の手続きは必要ありませんが、相続税の税務調査の際には、どの預貯金から納税したのかの確認が行われますので、後日に備えて資料等はしっかりと整備しておかなければなりません。

　また、相続人の代表者などが好意で他の相続人の相続税を納付した場合などは、贈与税の対象になりかねないことも伝えておきます。

(7) 不動産の相続登記

　土地や建物等の不動産を相続等により取得した相続人は、所有権移転登記をして、その取得者の名義に変更します。もし、登記をしないうちに他の相続人の債権者から差押え等がされた場合には、自分の持っている法定相続分以外の権利を失う可能性もあります。

　遺言書がある場合で、その遺言書にその相続人が取得する不動産が明確に記載されているときは、遺言書に記載された者が単独で登記申請をすることができます（昭和47年4月17日　法務省民事局長通達）。

　遺産分割協議が不成立に終わった場合は、法定相続分（持分）どおりに登記することになります（ただし、現実には未登記のまま放置されている場合も少なくありません）。

　また、被相続人が過去に相続した不動産の名義が、まだ被相続人の名義に変更されていない場合で、その被相続人が単独で相続しているとき（「明治民法時代の家督相続のとき」「相続人が1人だけのとき」「遺産分割協議書があるとき」など）は、1回の登記申請で相続人へ直接所有権の移転ができます。

(8) お預かりしていた資料の返却

　当然のことながら、お預かりしていた資料は、申告手続が完了次第、

全て返却します。お預かりするときに、預かり証を作成して相続人に渡している場合は、資料の返却時に預かり証を返却してもらいます。

　後日、税務調査があったときにすぐ提示できるように、相続人には、できる限り1人の相続人（例えば相続人の代表者）のところに資料をまとめて保管をしておくようお願いします。相続税は税務調査が多い税目であること、税法上の保存期間の規定などをここであらためて説明しておきます。

　なお、資料は、財産別等に分類して返却すると喜ばれるでしょう。

(9) 相続財産を譲渡する相続人への対応

　不動産を相続した相続人には、相続した不動産を譲渡する場合には相続税の取得費加算の特例などがあることを説明して、譲渡をする際には、必ず連絡をくれるようお願いしておきます。そして、譲渡所得の申告を依頼されたときのために、お預かりした資料の中に金・有価証券及び不動産の取得時の契約書等があった場合は、必ずコピーをとっておきます。

　相続税申告書作成システム（TPS8000/ASP8000）では、取得費加算の明細書作成機能や説明書などが搭載されています。相続税の申告書と同時にお渡しすることにより、まずもっての説明責任は果たしたことになります。

　また、相続後に譲渡する相手を探しているような場合は、提携企業を紹介するなどして相続人の便宜を図ります。

(10) 相続財産を運用する相続人への対応

　新たに不動産所得、事業所得等を有することとなった相続人には、正確な確定申告が必要であることを説明し、確定申告の依頼を受任できるようにします。そのためにも、所得税や消費税等の各種届出書類を期限に遅れることなく、漏れなく提出することが必要です。

被相続人・相続人の税務上の手続き

ポイント

相続税の申告手続に関連して、被相続人が事業や不動産賃貸を行っていた場合、被相続人・相続人それぞれに所得税関係の手続きが必要になります。根抵当権の変更登記や、固定資産税等の現所有者申告の手続きが必要になる場合もあります。

【解説】

1. 被相続人に係る相続税以外の税務手続

　相続税以外の税務手続には、被相続人に係るものと相続人に係るものとがあります。それらの手続きは、相続税の申告期限よりも前に届出等の手続期限が到来しますので、早めの対応が求められます。

　個人事業や不動産賃貸業を行っていた被相続人については、以下の手続きが必要となります。

①個人事業を廃業した場合「個人事業の開業・廃業等届出書」

　廃業した日から1か月以内に提出

②青色申告だった場合「所得税の青色申告の取りやめ届出書」

　翌年3月15日までに提出

③給与を支払っていた場合「給与支払事務所等の開設・移転・廃止届出書」

　廃止の事実があった日から1か月以内

④消費税の課税事業者である個人だった場合「個人事業者の死亡届出書」

　事由が生じた後、速やかに提出

2. 相続人に係る手続き

(1) 所得税の青色申告承認申請書（本章第3節参照）

(2) 消費税の各種選択届出書（本章第3節参照）

(3) 所得税の棚卸資産の評価方法・減価償却資産の償却方法の届出書

　事業所得者、不動産所得者、山林所得者又は雑所得者のうち、新たに業務を開始した人などの場合は、その手続対象者となった日の属する年分の確定申告期限までに「所得税の棚卸資産の評価方法・減価償却資産の償却方法の届出書」を提出する必要があります（所令100、123）。

　提出しない場合は、棚卸資産の評価方法については、法定評価方法の最終仕入原価法が適用され、減価償却については法定償却方法の定額法が適用されます。

　被相続人が不動産所得者である場合、遺言書がないときには遺産分割協議が調うまでの間、賃貸不動産から生じる賃料等は法定相続人が法定相続分により取得することになる（民法898、所法12、所基通12-1）ことから、相続人の中には新たに不動産所得者に該当することになるケースもあります。その場合、建物附属設備・構築物・車両・器具備品などについて、個人事業者の法定償却方法である「定額法」ではなく、「定率法」による償却方法を選択しようとするときには、「減価償却資産の償却方法の届出書」を提出する必要があります。

(4) 根抵当権に係る債務者変更登記

　根抵当権の債務者兼担保提供者が死亡し、債務者としての地位を根抵当権者（銀行）と相続人との合意により特定の相続人が承継することとなった場合、相続開始の時から6か月以内に登記することが要件となり、これをしないときは、根抵当権の担保すべき元本は相続開始の時に存在する額に確定します。

　なお、この期間内に合意がされない場合や、合意はされたが当該登記がされなかった場合にも、被担保債権は相続開始の時に遡って確定した

ものとみなされて元本が確定します。

したがって、相続による変更手続が遅れて元本が確定してしまうと、根抵当権は抵当権に近い性格のものになり、相続後に発生する債務はその根抵当権で担保されません。つまり、事業継続上、新たに資金が必要な場合には、あらためて根抵当権などを設定する必要が生じるのです。

根抵当権を存続させるために必要な登記は、相続に係る所有権移転登記、債務者変更登記及び合意登記であり、当該登記にかかる費用は新たに根抵当権を設定する登記（登録免許税は極度額の 1,000 分の 4）に比べると少額で済むことになります。根抵当権を存続させたい場合には、6か月以内に登記が必要となりますので、早めに司法書士への相談が必要になります。

設例

1. 根抵当権極度額　　　　1億円
2. 現時点での債務額　　6,000万円

＊新たに設定する抵当権は従前と同じく1億円とする。

＊土地の評価額は1億5,000万円とする。

	6か月以内に債務者を変更した場合		債務者変更手続が6か月を超えた場合で根抵当権1億円を設定するとき	
効　果	従前と同じ1億円まで借入れが可能		債務額6,000万円で元本確定	
所有権移転登記	評価額×1,000分の4	1億5,000万円×0.4%＝600,000円	同左	600,000円
債務者変更登記	不動産1筆につき1,000円	1,000円		
合意登記	不動産1筆につき1,000円	1,000円		
根抵当権設定登記			極度額の1,000分の4	1億円×0.4%＝400,000円
合　計	602,000円		1,000,000円	

相続人は銀行等と根抵当取引を継続するためには、次の手続きを相続開始後6か月以内に行わなければなりません。

①所有権移転の登記

　遺産分割協議の成立に時間を要する場合には、いったん共同相続として相続人全員の共有として登記し、後日、遺産分割協議が成立したとき、その者に変更するようにします。

②被担保債務の承継

③相続による債務者の変更の登記（なお、この登記申請は根抵当権者と設定者の共同申請で行うため、相続証明書の添付は不要）

④合意の登記

　根抵当権は相続人が担保物件を共同相続した場合、共同相続人全員との間で債務者を定める合意（契約）をし、その旨の登記をします。

(5) 固定資産税等に関する届出書

　固定資産税及び都市計画税は、土地又は家屋の所有者として登記簿又は土地補充課税台帳もしくは家屋補充課税台帳に、登記又は登録されている個人が納付しなければなりません。

　しかし、その個人が、賦課期日（毎年1月1日）前に死亡している場合には、賦課期日においてその土地や家屋を現に所有している人が納税することとなります（地税法343）。そのため相続人などの新たな所有者（現所有者）となった者は、住所、氏名又は名称、固定資産の種類、所在などについて「固定資産（土地・家屋）現所有者申告書」（東京都の場合）によって申告することとされています。

　不動産登記簿の名義が変更されるまでは、現所有者申告に基づき、現所有者に固定資産税及び都市計画税が課税されます（相続登記などにより不動産登記簿の名義が行われた場合には、この申告の必要はありません。また、この申告により不動産登記簿の名義は変更されません）。

被相続人の人物像と経歴等

相続税の申告は、会計事務所の関与先経営者の相続ばかりではありません。関与先あるいは金融機関やハウスメーカーなどからの紹介、ホームページからの問い合わせなど、新規クライアントの相続の場合には、被相続人の人物像や経歴などについての情報は相続人等から確認します。特に、趣味等や病歴・死亡原因、財産管理者などの確認は欠かせません。

【解説】

1. 被相続人の人物像と経歴等についての確認事項

被相続人の人物像や経歴等について、以下のような項目を確認します。

(1) 職歴や趣味・嗜好品等

例えば、被相続人の職歴等によっても、どのような分野に強かったのかが類推でき、資産運用の方法を推測できます。趣味や嗜好品等が分かれば、相続財産として計上すべき物（ゴルフ会員権、絵画、書画・骨とう等）を確認することになります。

また、過去の住所の変遷が分かれば、その居住地の近くに金融資産や不動産等が残されていないかなども必要に応じて確認しておくべきでしょう。

(2) 病歴と死亡原因

病歴を確認すると、病気の発症時期などから、相続対策を本格的に実

行したおおよその時期や、被相続人の意思能力がいつごろまで明瞭だったのかが分かります。意思能力を欠く人（意思無能力者）の法律行為は無効とされ、判断能力の程度は民法第7条の「事理を弁識する能力」（事理弁識能力）に相当するレベルと理解されており、一般的には認知症にある者には、意思能力がないとされています。そこで、認知症の発症時期等については、介護認定の状況を相続人に確認することで、意思能力について推測することができます。

　これにより、相続開始前に行われた贈与や不動産の取得などの一連の行為が、被相続人の意思によるものか否かという重要な判断ができます。

(3) 人物像と家族関係

　人物像は、複数の相続人からの聞き取りによって確認します。世間話を織り交ぜながら、被相続人はどのような価値観を持っていたか、特に税に対する姿勢（優良申告法人として認定された法人の応接室には、「表敬状」が掲げられていたりします）はどうであったか、親子の関係は良好であったか、特定の子だけを特別可愛がっていなかったかなど、さりげなく質問して確認します。

　誰と同居していたか、誰が身の回りの面倒を見ていたか、同居親族の生活費は誰が幾ら負担していたのかなどの確認も必要です。そして、預金通帳、銀行の届出印、不動産の権利書などの重要書類を誰がいつから管理していたのかの確認は、税務調査官も必ず確認する内容でもあり重要です。

　以上のように被相続人の経歴等をまとめて記載する様式例を、次頁に掲載していますのでご参照ください。この様式例は、会計事務所の担当者が相続人等から口頭で聞き取りした内容を記載するよりも、その内容確認のためにできる限り相続人等に記入してもらうことが大切です。

　この様式例に記載された内容を基に、添付書面「6 その他」の欄に、【参考　被相続人に関する事項】として記入します。

図1-5-1 被相続人の経歴等の記載様式例

被相続人の概要

住所	東京都○○○	相続開始日	令和 5 年 3 月23日
被相続人	○○ ○○	職業	不動産賃貸業
死亡原因	病気（肺がん）	電話番号	（ 03 ）×××－×××
死亡場所	○○病院	申告期限	令和 6 年 1 月23日

被相続人の経歴書

最終学歴	大正・昭和・平成・令和　40 年　3 月 31 日　東京大学
最終職歴	昭和・平成・令和　25 年　3 月 31 日　　㈱○○

被相続人の出生から死亡までの経歴をわかる範囲で以下にご記入ください。

項　目	年　月　日	内容
本籍地	大阪	大阪→千葉→東京
先代からの相続	平成20年8月	父から相続（申告あり）
学　歴	昭和36年3月 昭和40年3月	○○高校 卒業 東京大学　卒業
職　歴	昭和40年4月 平成20年4月 平成25年3月	㈱○○　入社 ㈱○○　役員就任 ㈱○○　退職
結　婚	昭和44年10月	
住所移転状況	昭和20 年8 月 昭和36年4 月	千葉 東京
趣味・趣向		書画骨董・ゴルフ・自動車・その他（　観劇　）
交友関係		ライオンズ・ロータリー・同業者組合・同好クラブ・その他
病　歴		令和2年10月　肺がんが見つかり入院 その後入退院を繰り返し、令和5年2月1日入院後、そのまま死亡
財産管理者	被相続人 親族（ 妻 ）	いつからいつまで　　年 月 日～ 2 年 8 月30日 2 年 9 月 1 日～ 5 年 8 月23日

相続人の氏名	本籍地	住所地
妻　○○○○	○○○	○○○
長男○○○○	○○○	○○○
長女○○○○	○○○	○○○

第 2 章

....

相続財産の調査と確定

親族の確認と相続人の確定

ポイント

遺言書が残されているなど一定の場合には、被相続人の死亡の事実を証明する戸籍謄本等があれば、不動産の相続登記を行うことができます。しかし、遺産分割協議や相続税の申告が必要な場合には、被相続人の出生から死亡の時までの連続した戸籍謄本等が必要とされています。

【解説】

1. 相続人の確定のための戸籍謄本等の収集

　相続手続には、相続人を特定するため戸籍謄本などが必要です。不動産の名義変更登記などには、被相続人の過去に遡って（実務上は被相続人の出生まで遡って）全ての戸籍謄本などを添付しなければなりません。したがって、戸籍謄本・除籍謄本・改製原戸籍謄本などが必要になり、かつ、それらがつながっていなければなりません。

　相続人が先に亡くなっている場合には、その人の戸籍も必要になります。また、被相続人に離婚・再婚などがあった場合には、相続人である子の存在を戸籍上明確にする必要があり、そちらも取り寄せることになります。兄弟姉妹が多い場合には、たくさんの戸籍を取り寄せなければならないこともあります。

　戸籍は今まで何回か改製され、そのたびに様式が改められ、古い戸籍から新しい戸籍へと有効な部分のみが新しい様式へ移行されています。

　改製後の戸籍が「現在戸籍」であり、その様式変更以前の戸籍を「改製原戸籍」といいます。亡くなった人の出生時以降、戸籍の改製があっ

たら、現在戸籍から順序よく遡り、全て取得する必要があります。なぜなら、改製のたびに、現在効力のある主な項目しか新しい戸籍に移されないからです。

例えば、夫婦2人と子2人の家族の戸籍があったとします。子2人は結婚し、新しく戸籍を作り、そちらに移転しました。その移転後に戸籍の改製があった場合、夫婦2人の改製後の戸籍には、子2人が記載されていません。戸籍の改製があると、そのとき戸籍から抜けている人は、新しい戸籍には移転されないからです。そのため、被相続人の生存中に戸籍の改製があった場合には、前の改製原戸籍が必要になります。

改製原戸籍がどこの役所にあるのかについては、戸籍謄本の一面の右上にある「○○年○月○日××県××町△△番地から転籍」を参照すれば分かります。

なお、遺言書が残されている場合には、受遺者が相続人以外の者で、かつ、遺言執行者の定めがないとき以外は、被相続人の出生から死亡の事実を証明する戸籍謄本、除籍謄本等は必要なく、死亡の事実を証明する戸籍謄本、除籍謄本等があれば不動産の相続登記を行うことができます。

しかし、相続税の申告が必要な場合には、相続人が遺産を相続するか否かにかかわらず、法定相続人の数により相続税の基礎控除を求めることとされていることなどから、相続人の確定のために被相続人の出生から死亡の事実を証明する戸籍謄本、除籍謄本等が必要となります。

相続人自らが戸籍謄本を収集する場合には、法定相続情報証明制度（本節3参照）による一覧図を作成して、法務局によるチェックを受けておくようにすることが賢明な選択と思われます。

2. 相続人関係図の作成

法定相続情報証明制度による一覧図を提出すると、法務局や金融機関等の様々な機関で相続手続をすることができます。しかし、税務面においては相続人関係図を作成することにより、いくつかのメリットがあるため、相続税申告において相続人関係図を作成することが望ましいと考えます。

(1) 相続関係の整理

　相続人関係図を作成することにより、相続に関わる人たち（親族関係）を分かりやすく整理することができます。特に、相続人の数が多いケースでは、手続きに関わる人数や家族関係などを把握しにくいため、相続人関係図を作成することにより、いろいろな財産移動を調査する際の資料としても役立ちます。

(2) 正しい申告書を作成するための関係図

　正しい相続税申告書を作成するためには、財産形成・移動を知るための相続人関係図が必要です。被相続人と相続人（配偶者や子供）等のみの記載ではなく、相続人ではない孫、ひ孫、その配偶者なども記載し、さらに被相続人の直系尊属（父母や祖父母）の情報が記載された関係図を作成します。

　これは、過去の相続が行われていた場合には、その後どのような変遷を経て今回の相続に至ったか、過去の相続財産がどのように増減し現在の相続財産として形成されているかを知るには必要な情報であり、また、被相続人の金融資産が親族等へ振り替えられていないか、いわゆる家族名義預金（第3章第1節参照）を調査する上で、大変重要な資料になるからです。

(3) 非上場会社株式を所有している場合の関係図

　被相続人が株式会社等の経営者、又は親族に経営をしている者がいる場合には、その会社の株式を所有していることがあります。その会社が非上場会社である場合には、財産評価基本通達でその評価方法が定められており、煩雑な方法によりその株式の評価額を算出しなければなりません。株式所有者がこれらの者に及んでいる場合には、これらの親族が記載されている相続人関係図の作成が必要となります。

　その際の同族株主等を判定するのに必要な同族関係者は、配偶者、6親等内の血族、3親等内の姻族です。これらを把握するためには、配偶者、子の親族関係までの情報が必要となりますので、相続人だけが記載されている関係図ではなく、6親等内の親族、3親等内の姻族が記載されてい

る関係図の作成が必要です。

3. 法定相続情報証明制度

近年、相続登記が未了のまま放置されている不動産が増加し、これが
いわゆる所有者不明土地問題や空き家問題の一因となっていることから、
相続登記を促進するためにこの制度が創設されました。

(1) 制度の概要

平成 29 年 5 月 29 日より、全国の法務局において、各種相続手続に利
用することができる「法定相続情報証明制度」が始まりました。この制
度を利用することで、各種相続手続において戸籍謄本の束を何度も出し
直す必要がなくなりました。

以前は、相続発生後に、不動産の所有権移転登記（名義変更）が必要
な場合には法務局において、また、預貯金等の名義変更を行う場合には
各金融機関において、被相続人が生まれてから亡くなるまでの戸籍謄本
等の全ての提出が求められていました。金融機関によっては、謄本等の
発行が○か月以内のものでなければ受け付けないなど、手続き上、手間
と時間を要していました。

本制度が創設されたことにより、交付された「法定相続情報一覧図の
写し」を提出すれば、相続登記の申請手続をはじめ、被相続人名義の預
金の払戻し等、様々な相続手続が可能となり、相続手続を行う相続人及
び手続きの担当部署双方の負担が軽減されることになります。

(2) 手続きの流れ
①申出（法定相続人又は代理人）

次の書類を添付して法務局へ提出します。

1) 被相続人の出生から死亡までの戸籍謄本等
2) 被相続人の住民票の除票
3) 相続人の戸籍謄本等
4) 申出人の氏名・住所を確認できる公的書類（運転免許証、マイナン

バーカードのコピー等）
5）作成した法定相続情報一覧図
6）法定相続情報一覧図の保管及び交付の申出書
②確認・交付（法務局）
1）法務局登記官による確認、法定相続情報一覧図の保管
2）認証紋付き法定相続情報一覧図の写しの交付（図2-1-1）、戸籍謄本等の返却一覧図の写しは、相続手続に必要な範囲で、無料で複数通の発行が可能です。

4. 養子縁組が行われている場合

　養子は縁組の日から養親の嫡出子となりますので、養親に相続が開始すると養子は第1順位の相続人となります。相続税法では、相続税の計算における基礎控除などを算定する際に、養子も被相続人の実子とみなして相続人の数に含めますので、被相続人が生前に養子縁組を行っていたかどうかを確認することも、非常に重要となります。

（1）養子縁組の確認
　普通養子縁組をした場合には、戸籍謄本の養親と養子双方の身分事項に縁組事項が記載されますので、養子が存在するかは戸籍謄本で確認することとなります（戸籍法施行規則35①三）。
　ただし、養親の身分事項に記載された縁組事項は、その後にその戸籍が転籍等の理由により編成替えになった場合には移記されません。そのため、養親の死亡記載のある戸籍だけを確認した場合、その戸籍だけでは養子になっているかどうかは分からないことになります。この場合は、改製原戸籍や転籍前の除籍謄本等を調査しなければなりませんので、注意が必要となります。一方、養子の身分事項に記載された縁組事項は、その後に戸籍の変動があった場合にも、縁組が継続している限り移記されますので、養子の戸籍謄本で養子縁組をしているかどうかを確認することができます。

図2-1-1 法定相続情報一覧図の写し（見本）

（記載例）　　　　　　　　　　　法定相続情報番号 0000-00-00000

被相続人法務太郎法定相続情報

最後の住所　○県○市○町○番地
最後の本籍　○県○郡○町○番地　　　住所　○県○郡○町○ 34 番地
出生　昭和○年○月○日　　　　　　　出生　昭和 45 年 6 月 7 日
死亡　令和○年○月○日　　　　　　　（長男）
（被相続人）　　　　　　　　　　─ 法 務 一 郎（申出人）
法 務 太 郎
　　　　　　　　　　　　　　　　　　住所　○県○市○町三丁目 45 番 6 号
　　　　　　　　　　　　　　　　　　出生　昭和 47 年 9 月 5 日
　　　　　　　　　　　　　　　　　　（長女）
　　　　　　　　　　　　　　　　─ 相 続 促 子

住所　○県○市○町三丁目 45 番 6 号
出生　昭和○年○月○日　　　　　　　住所　○県○市○町五丁目 4 番 8 号
（妻）　　　　　　　　　　　　　　　出生　昭和 50 年 11 月 27 日
法 務 花 子　　　　　　　　　　　　（養子）
　　　　　　　　　　　　　　　　─ 登 記 　 進

以下余白

```
作成日：令和○年○月○日
作成者：○○○士　○○ ○○　　印
　（事務所：○市○町○番地）
```

これは，令和○年○月○日に申出のあった当局保管に係る法定相続情報一覧図の写しである。

令和○年○月○日
○○法務局○○出張所

　　　　　　　　　　　　　　　登記官　　　○○　○○　　職印

　注）本書面は，提出された戸除籍謄本等の記載に基づくものである。相続放棄に
　　　関しては，本書面に記載されない。また，相続手続以外に利用することはできない。

　　　　　　　　　　　　　　　　　整理番号　S00000　1/1

参考資料：法務局ホームページ（一部改変）

　また、相続税には、孫等が養子になった場合には相続税額が2割加算される制度があります。相続税申告書提出時の資料として、法定相続情報証明の提出が求められますが、この法定相続情報証明だけでは、養子のうち2割加算の対象となる者の判定ができない場合がありますので、その際には戸籍謄本等の提出が求められます。

(2) 養子縁組と代襲相続

　被相続人が養子縁組をしており、その養子が既に死亡していた場合に、その養子の子が代襲相続人になるかどうかは、養子の子が生まれた時期により異なります。非常に重要ですので、必ず確認しましょう。

　養子縁組の日より前に、養子の子として生まれた者は、養親との間に血族関係は生じず養親の直系卑属ではなく、代襲相続人にはなりません。一方、養子縁組の日以降に養子の子として生まれた者は、養親との間に血族関係が生じ、養親の直系卑属となり、代襲相続人になります。

(3) 養子縁組の種類

　養子縁組には「普通養子縁組」と「特別養子縁組」の2種類があります。

　普通養子縁組は、実の親と法律上の親子関係を維持したまま、養親の養子となることです。養親は20歳以上で、養子は養親より年下であり尊属でなければ縁組は可能です。相続権は、実親が亡くなった場合にも、養親が亡くなった場合にも権利があります。

　特別養子縁組は、養子は実親と実親の血族との親族関係を終了して、養親と養親の血族との親族関係のみになることで、養子は原則15歳未満、養親は25歳以上の既婚者が対象となり、6か月間の試験養育期間を経た上で、家庭裁判所が判断します。相続権は、養子は戸籍上も実親との親子関係がなくなるため、実親が亡くなった場合には権利はなく、養親が亡くなった場合にのみ権利があることとなります。

(4) 相続税の計算

　相続税の計算をする場合、次の4項目については、法定相続人の数を基に計算を行います。

①相続税の基礎控除

②生命保険金の非課税限度額

③死亡退職金の非課税限度額

④相続税の総額

　これらの計算をするときの法定相続人の数に含める養子の数は、被相続人に実子がいる場合には１人まで、被相続人に実子がいない場合には２人までと制限しています。

　なお、養子縁組により被相続人の養子となった者であっても、次の養子は、相続税の課税上、実子とみなすこととしています。

①被相続人との特別養子縁組により被相続人の養子となっている人

②被相続人の配偶者の実子で被相続人の養子となっている人

③被相続人と配偶者の結婚前に特別養子縁組によりその配偶者の養子となっていた人で、被相続人と配偶者の結婚後に被相続人の養子となった人

④被相続人の実子、養子又は直系卑属が既に死亡しているか、相続権を失ったため、その子供などに代わって相続人となった直系卑属

　また、相続、遺贈や相続時精算課税に係る贈与によって財産を取得した人が、被相続人の一親等の血族（代襲相続人となった孫〈直系卑属〉を含む）及び配偶者以外の人である場合には、その人の相続税額にその相続税額の２割に相当する金額が加算されます。

　例えば、以下の方は相続税額の２割加算の対象になります。

①被相続人から相続又は遺贈により財産を取得した人で、被相続人の配偶者、父母、子ではない人（例えば、被相続人の兄弟姉妹、甥、姪など）

②被相続人の養子として相続人となったが、その被相続人の孫でもある人のうち、代襲相続人にはなっていない人

5. 相続人が行方不明の場合

　相続人の中に行方不明の人や、又は生死すら分からない人がいると、遺産の分割協議ができず、困ったことになります。このような場合には、次の措置を講ずることで遺産分割協議を進めることができます。

(1) 不在者財産管理人を置く

　従来の住所又は居所を去り、容易に戻る見込みのない者（以下「不在者」）で財産管理人がいない場合に、利害関係人（不在者の配偶者、相続人に当たる者、債権者など）は、家庭裁判所に「不在者財産管理人」を選任してもらうよう申立てできます（民法 25）。

　不在者財産管理人は、行方不明の相続人の相続分の目録を作り、それを保管できる権限を持ちます。また、不在者財産管理人は家庭裁判所の許可を得れば、他の相続人と遺産分割の協議をすることができます。

(2) 失踪宣告を申し立てる

　不在者につき、その生死が 7 年間（起算日は、実際に失踪したと思われる時）明らかでないとき（普通失踪）、又は戦争、船舶の沈没、震災などの死亡の原因となる危難に遭遇し、その危難が去った後その生死が 1 年間明らかでないとき（危難失踪）は、利害関係人（不在者の配偶者、相続人に当たる者、財産管理人、受遺者など失踪宣告を求めるについての法律上の利害関係を有する者）は、その期間の経過後に、家庭裁判所に失踪宣告の申立てをすることができます。申立てが受理されると家庭裁判所が事実関係等を調査し、失踪について 6 か月以上の期間を設けて公示催告（家庭裁判所の掲示板に掲示し、官報に公告）します。この期間を経過するまでに不在者の生死が確認されなければ、家庭裁判所は失踪宣告を行います。失踪宣告とは、生死不明の者に対して、法律上死亡したものとみなす効果を生じさせる制度です。そのため、失踪宣告を受けた者は普通失踪の場合、7 年の期間満了時に死亡したものとみなされ、戸籍謄本にもその旨が記載されます（民法 30 ～ 32）。

6. 相続人が海外に住所を定めている場合

　相続人が転勤などで海外に居住している場合には、日本では印鑑証明書の交付が受けられないため、署名し拇印を押した遺産分割協議書の写しに、印鑑証明書の代わりとなる「署名証明書」を添付した相続税申告書を提出することになります。

　署名証明書は、居住地の在外公館である大使館や領事館に本人が出向いて申請交付を受けることになります。署名証明書には、貼付形式のものと単独で使用できる形式のものがありますが、遺産分割協議書を大使館や領事館に持参する必要がなく、印鑑証明書と同様に単独で使用できる署名証明書（図2-1-2）の方が使い勝手が良いです。

　また、海外に住所を定めている人が一時帰国している場合は、日本の公証役場で証明書類の取得ができます。日本の公証役場で本人確認資料として、①パスポート、②海外の住所が分かるもの（在留証明書（図2-1-3）や免許証等）を持参の上、公証人の面前で持参した書類（契約書、遺産分割協議書、委任状等）に自分で署名することで、当該書類に本人が自署したという"サイン証明"を作成することが可能です。このサイン証明も、日本における印鑑証明書と同じ公的な証明書類として取り扱われます。

　ただし、この方法でサイン証明した遺産分割協議書を使用して不動産の相続登記手続をする際には注意が必要です。なぜなら、その海外居住者が不動産の相続人（所有者）になる場合には、登記手続において別途"住所を証明する書類"が必要になり、結局、居住地の領事館で在留証明書を取得しなければなりません。

　また、預貯金や有価証券の相続手続についても、各金融機関所定の必要書類がありますので、公証役場のサイン証明付きの遺産分割協議書だけでは、処理できないことになってしまう可能性があります。そのため、実務対応としては、各金融機関所定の必要書類を事前に収集しておき、当該書類に公証人のサイン証明を作成してもらうことで対処できると考えます。

　居住者が預貯金等を相続し、非居住者には代償金を支払う方法によっ

図2-1-2 署名証明書 [形式 2]

形式2：単独

証　明　書

以下身分事項等記載欄の者は、本職の面前で以下の署名欄に
署名（及び拇印を押捺）したことを証明します。

身分事項等記載欄			
氏名：			
生年月日：（明・大・昭・平）　　　　年　　　月　　　日			
日本旅券番号：			
備考：			

※氏名の漢字等綴りは申請人の申告に基づく場合があります。

署名：

証第　　　　　　　　　号
　　　令和　　　年　　　月　　　日

　　　在△△△△△日本国特命全権大使　　公
　　　　　　◯◯　　◯◯　印

（手数料：　　　　）

出典：「TKC財産承継アドバイザー登録・更新研修会」資料

図2-1-3 在留証明願［形式1］

形式1

在 留 証 明 願

令和 ○ 年 ○○ 月 ○○ 日

在△△△△△日本国特命全権大使 殿

申請書氏名 証明書を使う人		生年 月日	明・大 昭・平・令		年　　　月　　　日
代理人氏名 （※1）		申請者との関係 （※1）			
申請者の本籍地 （※2）	都・道 府・県	（市区郡以下を記入してください。※2）			
提出理由		提出先			

私（申請者）が現在、下記の住所に在住していることを証明してください。

申請者（代理人）署名 _____

現 住 所	日本語:
	外国語:
上記の場所に住所(又は居所)を 定めた年月日	年　　　　　月

（※1）本人申請の場合は記入不要です。
（※2）申請理由が恩給、年金受給手続きのとき、及び提出先が同欄記載を必要としないときは記入を
　　　省略することができます。

在 留 証 明

証第　　　　　　　号

上記申請者の在留の事実を証明します。

　　　令和　　　年　　　月　　　日

　　　　　　　　　在△△△△△日本国特命全権大使　　　公

　　　　　　　　　　○　○　　○　○　　　印

（手数料：　　　　　）

出典：「TKC財産承継アドバイザー登録・更新研修会」資料

て遺産分割協議書を作成し、金融機関と預貯金の相続による名義変更手続について交渉してみるのも一つの選択肢です。

　最近は、相続人が海外に居住しているケースは珍しいことではありません。海外にいる相続人も署名証明書を申請することには慣れていませんので、相続人には早めに連絡をして、あらかじめ必要な書類を準備してもらうようにお願いすることが必要です。

7.　特別代理人の選任手続

　遺産分割は法律行為ですから、未成年者がこれに加わる場合には法定代理人を選任しなくてはなりません。一般的には親権者が法定代理人になりますが、相続の場合は、被相続人の配偶者である母親などは未成年の子の法定代理人になれません。法定代理人は中立的な第三者でなくてはならず、母親などは、未成年の子と相続上利益相反する関係にあるからです。そこで、利益が相反しない第三者を特別代理人として選任することを、家庭裁判所に申し立てる必要が生じます（民訴法35）。

　家庭裁判所は、特別代理人が弁護士等の専門家である場合等を除き、事前に提出された遺産分割協議案の内容をもとに特別代理人選任の申立てを受理するかどうかを判断します。家庭裁判所に選任受理されると、特別代理人がその未成年者に代わって遺産の分割協議を行うことになりますので、この内容が未成年者にとって不利なものである場合には、選任の申立てが受理されません。未成年者である相続人には、少なくとも法定相続分の財産を相続させることが必要となるのです。

　家庭裁判所への申立てから選任されるまでの時間は通常2か月以上を要することになりますので、相続税の申告期限等に間に合わず税務上不利な取扱いを受けることにならないよう、早めの手続きが大切です。

8.　成年後見人

　認知症や知的障害のある方など判断能力の不十分な方々の財産管理や身上監護を、権限を与えられた成年後見人等が行うことによって、本人

を保護し、支援するために法定後見制度が設けられています（民法843以下）。

相続人の中に認知症などで判断能力がない者がいる場合、その人のために、家庭裁判所に後見開始の審判を申し立てて成年後見人を選任してもらい、成年後見人に遺産分割協議に参加してもらいます。この場合、本人の同意は不要です。

なお、「保佐」「補助」の場合で、保佐人や補助人が遺産分割を代理するには、保佐（補助）開始の審判とは別に、遺産分割の代理権を保佐人（補助人）に付与する旨の審判が必要になります。

9. 未成年後見人

死亡等のため、相続人である未成年者の親権者がいない場合、家庭裁判所に対して、未成年者（意思能力があることが必要）、未成年者の親族、又はその他の利害関係人が、未成年者の住所地の家庭裁判所へ未成年後見人の選任の申立てをします。

未成年後見人とは、未成年者（未成年被後見人）の法定代理人であり、未成年者の監護養育、財産管理、契約等の法律行為などを行います（民法5）。

実務において未成年後見人の選任を申し立てる事例で多いのは、祖父母と養子縁組をしている場合です。養子縁組を行うと親権は養親に移動しますので、養親が全員亡くなると、その子の親権者が不在となります。養親が全員死亡しても、実の親に親権が自動的に復活することにはなりません。

未成年後見人の選任申立て以外の方法として、死後離縁の制度があります。これはその名のとおり、養子縁組の当事者の一方が死亡した場合、もう一方から養子縁組の関係を断絶させるものです。ただ、これを行うためには家庭裁判所の許可を得なければなりません。未成年後見人が選任されていない場合、死後離縁の申立てを未成年者の実父母が行うこともできます。

10. 相続放棄の手続き

　相続の放棄をしようとする者は、その旨を家庭裁判所に申述しなければなりません（民法938 ～ 940）。通常、相続放棄は、被相続人が債務超過である場合や、限定承認をしたいけれども相続人の一部の人が反対するためできないときなどに有効な方法です。しかし、資産が負債よりも多い場合であっても、相続放棄することができます。

　相続の放棄は限定承認と異なり相続人全員が共同でする必要はありません。相続の放棄をしたいと思う相続人1人ひとりが家庭裁判所に申述すればよいのです。相続の放棄をした者は、その相続に関しては、初めから相続人とならなかったものとみなされます。そのため、第1順位の子が全員相続の放棄をすると、相続の順位が変動し、第2順位の父母が相続人となり、続いて第2順位の父母が相続の放棄をすると、第3順位の兄弟姉妹が相続人となります。

　この相続放棄の手続きは、自己のために相続の開始があったことを知った時から3か月以内（熟慮期間内）に家庭裁判所に「相続放棄申述書」を提出しなければなりません（民法915 ～ 917）。この「自己のために相続の開始があったことを知った時」とは、相続人が相続開始の原因たる事実の発生を知り、かつ、そのために自己が相続人となったことを知った時をいいます。

　もっとも、この熟慮期間内に相続人が相続財産の状況を調査してもなお、相続放棄をするか否かを決定できない場合には、家庭裁判所への申立てにより、この3か月の熟慮期間を伸長してもらうことができます。伸長は3か月に限られるのが原則ですが、再度の伸長申請も可能ですので、相続財産の調査などの必要があれば、伸長申請を繰り返すことにより、6か月、あるいは9か月と、熟慮期間を伸長することもできます。また、限定承認手続についても同様に熟慮期間を伸長することができます。

　なお、被相続人の租税債務について準確定申告をした場合、国との関係で債権債務の確定行為を行うことになり、それが財産の処分として、相続を単純承認したとみなされてしまう可能性がありますので、相続人全員が相続の放棄を行うことを検討している場合には、相続放棄の手続

きが完了するまで準確定申告を行わないことも選択肢の一つと考えられ
ます。

11. 限定承認の手続き

　限定承認とは、条件付きで相続財産を承継しようとするものです。す
なわち、相続人は、相続によって得た財産の限度においてのみ、被相続
人の債務又は遺贈を弁済すべきことを留保して承認することができます
（民法 922）。この限定承認は、①相続財産や債務の額が不確定な場合、
②被相続人が連帯保証人になっていて債務者が債務弁済不能になる可能
性が高いと予想される場合、③被相続人が上場会社の役員等で、株主代
表訴訟によって多額の損害金を請求される可能性が考えられる場合、な
どに有効な方法です。

　相続人は、自己のために相続の開始があったことを知った時から 3 か
月以内に家庭裁判所に対して「相続の限定承認の申述書」等を提出して
限定承認をしなければなりません（民法 922 ～ 926）。限定承認は、共同
相続人の全員が共同してのみ、これをすることができます（民法 923）。

　したがって、相続人が複数いるときは全員でこれをしなければなりま
せん。相続人の中で、限定承認を希望する人と、全部相続することを希
望する人がいる場合、限定承認の手続きを取ることはできないので、限
定承認を希望する人が相続債務の負担を避けようと思えば、相続放棄を
することになります。

不動産の確認

土地の相続税評価額を算定するには、評価すべき土地に係る各種法令規制や税務上の届出書の提出の有無などの確認が欠かせません。そのためには、可能な限り現地に赴き、その土地の周辺の環境なども含めて確認しておきましょう。

【解説】

1. 不動産の把握

　相続財産の中で、被相続人の重要な財産の一つとして不動産（土地・建物）があります。相続財産の中に土地の占める割合は30％強に及び、その相続税評価額の算定については、道路法、建築基準法、都市計画法など多くの土地に関する法規制の有無について、関係省庁を回って確認する必要があります。

(1) 資料収集

　全国の各市区町村で発行される、固定資産税の課税証明書又は固定資産課税台帳（名寄帳）を取得することにより、被相続人がその市区町村に所有している全ての不動産評価に必要な基本情報の多くを把握することができます。

　その他に、不動産評価に必要な資料としては、不動産登記事項証明書（不動産登記簿謄本）、公図、地籍図、測量図、住宅地図、路線価図などがあります。

図2-2-1　法務局備え付けの図面

種類	図面名称	内容
土地	地図に準ずる図面＝公図	「地図に準ずる図面」として取り扱われます。明治時代の地租改正のときに作成された図面を基にしたものであり精度が低く、「法14条地図」ができるまでの間、備え付けられています。
	地図（法14条地図）＝地籍図	不動産登記法第14条に基づき作成された地図です。日本の全土を測り直す地籍調査により作成されたもので、精度が高く、これにより作成された図面を「地籍図」といいます。「公図」（狭義）とどちらか一方が備え付けられていますが、都市部では地籍調査の進捗度合いが低く、地籍図はあまり備え付けられていません。
	地積測量図	その土地の形状、地積（面積）と求積方法、境界点、区画の長さなどが記された図面です。分筆登記や地積更正登記申請を行う際に土地所有者が法務局に提出します。実際に整備されたのが昭和38〜40年ごろ（法務局によって異なる）であるため、それ以前の土地には存在しません。
建物	建物図面・各階平面図	建物図面は1棟ないし数棟の建物又は区分建物の位置・形状等を示す図面をいいます。建物を新築・増築等した場合には、その登記申請の際に必ず添付します。通常の場合、各階平面図とセットで作成されます。登記されていれば存在しますが、これが整備されたのは昭和38〜42年ごろ（法務局によって異なる）であるため、それ以前の建物には存在しません。

ただし、次の事項については注意する必要があります。

①被相続人が所有する不動産のある市区町村が分からなければ課税証明書は取れない。

②共有で所有する不動産がある場合は、単独所有と共有所有それぞれの課税証明書になり、持ち分を把握するためには登記事項証明書を確認する必要がある。

③課税証明書に代わるものとして固定資産税の納税通知書があるが、納税通知書の課税明細書には、固定資産税が非課税の不動産情報が記載されておらず、相続税が課税される土地を確認できていない可能性がある。

(2) 登記情報提供サービス

　一般社団法人民事法務協会による「登記情報提供サービス」により、法務局が保有する登記情報を、インターネットを使用してパソコン画面上で確認できる有料サービスがあります。このサービスでは、不動産登記情報（全部事項）、地図情報（公図）、図面情報（測量図）など、低額の料金で取得し、印刷することが可能です。

　多くの専門家は実務において、このようなサービスを利用しています。

(3) 現地確認

　現代において、インターネットを使用して不動産が所在する現地に赴くことなく、現地の写真等の情報を取得することは可能です。

　ただし、現地の状況は変化している可能性や詳細が異なっていることもあるため、専門家は必ず現地に赴き、評価対象地とその周辺の状況を正確に把握することが求められます。住宅地図などで場所を確認し、後日の再確認も含め現地へ赴き適正な相続税申告につなげるべきです。

(4) 税理士法第33条の2に規定する添付書面[※]

　土地の相続財産を評価した際には、その画地（評価単位）ごとに、どのような評価方法により評価したか、どのような個別事情により評価減を行ったかを、細かく添付書面に記載するとよいでしょう。

　各土地の評価額の算定根拠を記載することにより、税務調査（意見聴取）の手間を省略することにつながり、納税者の負担軽減になるとともに、税理士の存在意義を明確に表すことになります。

[※]令和6年4月1日以降は、税理士法第33条の2第1項に規定する書面の名称が「申告書の作成に関する計算事項等記載書面」となります。

2. 先代名義の不動産

　固定資産税の課税明細書などを確認していると、既に死亡している先代名義の不動産を発見したりすることがあります。この場合、先代名義の不動産は誰の所有なのか慎重に判定しなければなりません。

まず、先代名義の不動産について遺産分割協議が調っていて、相続登記だけが終わっていないケースです。この場合は、遺産分割協議などによって相続した人が決まっていますので、その相続人の固有の不動産と判定されます（この機会に、相続登記をしておくことを薦めましょう）。

もう1つのケースは、先代名義の不動産について遺産分割協議などが調っていない場合です。この場合には、いまだ未分割状態にあり、先代の共同相続人による共有状態になっていますので、今から遺産分割協議が必要となります。

そのため、共同相続人のうちの1人が死亡し、相続税の申告期限までに先代名義の遺産分割協議が調わなかった場合には、先代名義の不動産の法定相続分に相当する部分については相続財産として申告し、後日、先代名義の不動産の遺産分割協議が調った際に、申告している金額とその分割協議の結果が異なる場合には、修正申告又は更正の請求によって相続税を精算することとなります。

3. 配偶者居住権

令和2年4月1日より「配偶者居住権（長期）」の制度が創設されています。夫の相続（死亡）が発生した場合、夫婦が長年住み続けてきた自宅は、子も含めた相続人全員の共有財産となり、相続人間の関係が良好でない場合には、配偶者（妻）が現況のままで自宅に居住できないことも起こり得るという問題がありました。

そこで、民法において、配偶者以外の相続人（子等）が配偶者の居住していた建物を取得した場合に、配偶者に終身又は一定期間（10年、20年等）の建物の使用を認め、これを登記することができる「配偶者居住権」という権利が制度化されました。

この「配偶者居住権」が設定された場合、下記の相続税評価を行う必要があります。

①配偶者居住権が設定された建物所有権の評価
②建物の配偶者居住権の評価
③配偶者居住権が設定された建物の敷地所有権の評価

④建物敷地所有権に対する配偶者居住権の評価
⑤配偶者居住権の相続税評価額（妻の相続分の合計）　②＋④
⑥配偶者居住権が設定された建物とその敷地の所有権の相続税評価額
　（子等の相続分の合計）　①＋③

4. 公衆用道路

　相続財産である土地については、固定資産税評価額や登記事項証明書などで確認します。その際、固定資産税が非課税とされている不動産であっても、相続税は課税になる土地もありますので、注意しなければなりません。

　また、仮に相続税評価額がゼロ円として評価される場合でも、相続税の申告書に記載してあれば、遺産分割協議書を作成したり、相続登記を行うときに手続きの漏れを防止したりすることに役立ちます。

　公衆用道路のように固定資産税が課されていないものについても、相続税の申告書に記載しておかなければなりません。

5. 関係官庁での確認の重要性

　現地確認、法務局備え付けやインターネットによる図面だけでは分からない情報もあります。引き続きその土地に関する法規制を確認する必要があります。以下は、評価にあたり最低限確認しておきたい図面です。

(1) 都市計画図の確認

　所轄する市区町村役場（都市計画課・建築指導課等）で都市計画図の確認を行います。都市計画図では都市計画法上の用途地域のほか、容積率や都市計画道路の予定の有無等も確認することができます。用途地域の確認は農地の評価にあたっても必要となります。容積率の異なる2以上の地域にわたる宅地の評価減や地積規模の格差率を計算する場合にも容積率の確認は必要です。また、都市計画道路の予定地に該当するか否かも確認できます。

　現在では、多くの市区町村でインターネットサービスを利用して取得できますので、ご活用ください。

(2) 道路図面の確認

　道路図面により、評価対象地が接面する道路の幅員等を確認できます。併せて道路種別の確認を行います。これによって建築基準法上の認定道路か否かを確認できます（図2-2-2）。建築基準法上の前面道路の幅員が4m未満の場合は、セットバックが必要となります（建基法42②）。セットバックを要する土地については、財産評価基本通達において一定の減額を受けることができます。

　また、前面道路が建築基準法上の道路に該当していないことが判明した場合には「無道路地」として評価を行う必要が出てきます（評基通20-3）。

　いずれにしても、役所の建築指導課等で確認する必要があります。

6. 賃貸借契約書の確認の重要性

　不動産の利用状況は、その評価の利用単位の判断に際しても重要な項目となります。土地は一筆の土地を複数の利用単位で利用することもあれば、逆に複数の筆をまとめて一体として利用していることもあります。評価単位の判断を誤れば、当然評価額も変わりますし、相続税額に多大な影響を与えます。さらに、第三者の権利の種類を確認し、それも評価に反映させなければなりません。必ず賃貸借契約書を確認し、契約内容、利用形態を把握します。

(1) 借地権の目的となっている土地

　所有する不動産を賃貸している場合は、建物の利用状況によって土地の評価額も異なります。建物を第三者が所有している場合には借地権が存在していると考えられ、「借地権の目的となっている土地」として評価します。

　借地権の形態として、通常の借地権のほかに、定期借地権等が設定さ

図2-2-2 建築基準法上の道路

	条文	道路の種類	備 考
幅員4m以上	第42条第1項第1号	道路法による道路	国道、府道、市道、町道、村道（高速自動車道を除く）〔幅員4m以上の認定道路〕
	第2号	都市計画法、土地区画整理法、旧住宅地造成事業法又は都市再開発法等による道路	都市計画として決定される都市計画事業・土地区画整理事業等により築造された道路
	第3号	法施行の際、既にある道	都市計画区域の決定を受けたとき（建築基準法施行の日に既に都市計画区域の指定を受けていた区域については建築基準法施行の日）に現に存在する幅員4m以上の道路
	第4号	道路法、都市計画法、土地区画整理法又は都市再開発法等で2年以内に事業が執行される予定のものとして特定行政庁が指定したもの	実際には道路としての効用はまだ果たしておらず、2年以内にその事業が執行されるものとして特定行政庁が指定したもの
	第5号	土地を建築物の敷地として利用するため、政令で定める基準に適合する私道を築造し、特定行政庁から指定を受けたもの	道の基準は政令で定めるほか、土地の状況等により各特定行政庁で政令と異なる基準を定めることができる（位置指定道路）
幅員4m未満	第42条第2項	法施行の際、現に建物が立ち並んでいた幅員4m未満の道で特定行政庁が指定したもの	道路の中心線から2mの線をその道路の境界線とみなす。ただし道路の片側が、がけ地、川、線路等に沿ってある場合は道路の反対側から一方後退4mの線を道路の境界線とみなす
	附則第5項	旧市街地建築物法第7条但書きによって指定された建築線で、その間の距離が4m以上のもの	認定里道〔幅員4m未満の認定道路〕

れている場合もあります。通常の借地権（及びその目的となっている土地）と定期借地権等（及びその目的となっている土地）とでは、評価の方法が異なりますので、借地権の態様の確認は必ず行います。

　アパート等貸家として利用されている場合は、相続発生時において空室になっていると、賃貸割合として貸家やその敷地の相続税評価額に影響を与えますので、相続発生時の賃貸状況を確認する必要があります。

　借地や貸家に関する契約書の内容を確認すると同時に、相続税の申告書への添付資料として写しを取っておきます。契約書からは敷金や預かり保証金等の債務に関する情報も得られますので、債務控除の漏れも防ぐことができます。

　土地の貸借については、賃貸借契約書がないことも少なくありません。また、正式な契約書ではなく「覚書」等の書面を作成するのみで処理されている場合も多いので、そのような書面の存在についても必ず確認するようにします。

(2) 親族間等での土地貸借

　第三者間での土地貸借の場合は、一般的に地代の授受が行われていると考えられ、普通借地権が設定されている土地と判断できます。しかし、親族間等での土地貸借の場合には、権利金の支払いの有無、地代の授受に関する事実関係などを慎重に確認し、借地権の有無について慎重に判定しなければなりません。

　なお、借地権の有無については、国税庁が昭和48年11月に公表した「使用貸借通達」の適用の検討も欠かせません。使用貸借通達は以下について、その取扱いを定めています。

　①使用貸借による土地の借受けがあった場合
　②使用貸借による借地権の転借があった場合
　③使用貸借に係る土地等を相続又は贈与により取得した場合
　④使用貸借に係る土地等の上に存する建物等を相続又は贈与により取得した場合
　⑤借地権の目的となっている土地を当該借地権者以外の者が取得し地代の授受が行われないこととなった場合

⑥経過措置：土地の無償借受け時に、借地権相当額の課税が行われている場合

⑦経過措置：借地権の目的となっている土地をこの通達の施行前に当該借地権者以外の者が取得している場合

(3) 土地の権利関係の届出書の確認

　親族等特殊関係者間において土地貸借が行われる場合、借地権等の課税関係を回避するために、各種届出書が所轄税務署に提出されていることがあります。

　このような場合には評価額に影響を与えますので、以下の届出書の有無について確認しておく必要があります。

①土地の無償返還に関する届出書

②相当の地代の改訂方法に関する届出書

③借地権者の地位に変更がない旨の申出書

④借地権の使用貸借に関する確認書

金融資産の確認

ポイント

金融資産については、相続開始時の被相続人名義の預貯金等の残高だけでなく、過去の入出金の履歴も確認し、特に親族等へ被相続人の資金が流れていないかなどの確認が欠かせません。また、国外に預けられている金融資産についても相続人等に質問するなど、申告漏れが生じないよう細心の注意が必要です。

【解説】

1. 金融機関から残高証明書を入手する

　金融機関から相続開始日における残高証明書を入手します。これは、相続開始日における預貯金等の残高を確認するためだけではありません。

　残高証明書を入手する主たる目的は、その金融機関との全ての取引に関する残高を確認することです。そのため、預貯金残高だけの証明書を請求するのではなく、全ての取引に関する残高証明書を金融機関に請求しなければなりません。預貯金以外に借入金があればその残高も証明書に記載されるはずですし、出資金なども同様に証明書に記載されます。

　金融機関でも国債や投資信託等を販売していますので、その残高の有無にも注意を払う必要があります。

2. 手元現金

　被相続人が相続開始日時点で所有していた財産は、全て相続財産となります。日常の生活費のために財布に入っているお金や、いわゆる「タ

ンス預金」と呼ばれる自宅で保管されているようなお金が手元現金であり、金額の多寡にかかわらず相続財産に計上しなければなりません。

(1) タンス預金（貸金庫）にある現金

タンス預金と呼ばれるような自宅のタンスや金庫などで保管している現金は、当然、手元現金として相続財産となります。また、自宅の金庫ではなく銀行の貸金庫に保管している現金についても同様です（第1章第2節参照）。

(2) 相続開始日直前出金額

被相続人が亡くなる以前に引き出された預金のことを「直前出金額」といい、相続税の申告において特に問題となりやすい項目です（第3章第1節参照）。

銀行に預けてある預金は、口座名義人（被相続人）が死亡したことを知ると、その名義人の口座の全てが凍結され、預金を引き出すことができなくなります。そこで、葬儀費用の準備や未払い医療費の精算などのために、亡くなる直前にまとまった金額を引き出して、家族（相続人）が現金で保管することがよくあります。亡くなった後に、葬儀費用等で使ってしまったとしても、相続開始日現在、手元にはその現金は存在しますので、相続財産として計上しなければなりません。

(3) 重加算税の対象

タンス預金など前項記載の手元現金があることを知りながら、故意に相続財産に計上しなかった場合には、仮想隠ぺい行為となります。

もし、税務調査によりこの事実が判明した場合には重加算税等の重いペナルティが課され、さらに査察調査により悪質な脱税行為として告発されるような場合には重加算税等のペナルティとは別に、10年以下の懲役もしくは1,000万円以下の罰金の刑事罰が科されることもあります。

10年以上前に引き出した預金等により蓄積されたタンス預金なら見つからないのではないか、と問われることがあります。「バレなければいい」ではなく、納税は国民の義務であり、過少申告は違法行為であり、脱税

は犯罪です。正しい申告を心掛けたいものです。

3. 金・地金

　被相続人がかつて購入した金地金や金貨などの純金についても、財産価値のあるものなので相続財産になります。天皇陛下即位記念金貨など日本国内で発行された金貨であれば、10,000円の金貨なら10,000円の手元現金として額面で計上しなければなりません。一方、金地金（純金）などは、貴金属として相続発生時の金の取引相場（時価）により評価し、相続財産に計上します。

4. ゆうちょ銀行の貯金

　ゆうちょ銀行の貯金は、1人につき財形定額貯金等を除く貯金（通常貯金、定額貯金、定期貯金等）を合わせて1,300万円までとされています。そのため、貯金事務センターで預かり残高を管理するため名寄せされ、一括管理されています。貯金事務センターでは、開設している口座の有無を調査し、調査の申込日から10年以内の現存調査をすることが可能です。

　ゆうちょ銀行の口座の有無については、「貯金等照会書」と「委任状」で代理請求を行うことができます。貯金口座がある場合には、貯金の種類及び貯金通帳等の記号番号などが記載された「貯金調査結果のお知らせ」が届きます。貯金口座がない場合には、「貯金調査結果のお知らせ」によって、ないことの回答をしてもらえます。

5. デジタル資産

(1) デジタル資産とは？

　インターネット上で管理されている無形の資産をデジタル資産といいます。総理府の調査によると60歳代の約80％、70歳代の約60％がインターネットを利用しています。デジタル資産は、所有者が設定したID

とパスワードによって管理されており、次のようなものがあります。

①ネット銀行・ネット証券の口座

②仮想通貨やNFTなどの暗号資産

③電子マネーの残高

④定期課金サービスの残高

⑤様々な商品・サービス購入時に付与されるポイントやマイルの残高※

　　※相続できるものと相続できないものがあるため、個別に調査が必要。

(2) デジタル資産も相続財産

　ネット銀行やネット証券の金融資産や電子マネー、商品・サービス購入時の各種ポイントなどのデジタル資産も、当然に相続財産になります。相続人全員の共有資産であり遺産分割の対象となり、相続税の課税対象資産です。

　所有者（被相続人）が死亡しても、その遺族（相続人）はそのデジタル資産の存在を知らないことがあり得ます。ただ、税務署は金融機関や業者に対し強制的に調査する権限を持っており、氏名、住所、生年月日等でその情報を問い合わせることが可能です。

　遺族はこれらデジタル資産の存在を知らなかったでは済まされません。存在を知っていたとしても「ID」「パスワード」が分からなければ、遺族であっても調べることができません。「ID」「パスワード」が不明な場合には、専門業者等に依頼するなどして、何とか探し出す必要があります。

6. 上場株式等

(1) 証券保管振替機構（略称：ほふり）

　株式会社証券保管振替機構（以下「ほふり」）では、発行会社が株主名簿を作成するために、発行会社に対して株主の情報を通知しており、その準備行為として、あらかじめ証券会社等から当該証券会社等に口座を開設している者の住所・氏名等の情報（以下「加入者情報」）を受領し、当該情報を加入者情報登録簿に登録しています。

　この登録済みの加入者情報について開示請求を行うことにより、株主

が株式等に係る口座を開設している証券会社、信託銀行等の名称及び登録内容（住所・氏名等）を確認し、有価証券の財産計上漏れを防止することができます。

　ただし、開示情報には株式等の保有状況に関する情報は含まれていないため、ほふりからの開示情報をもとに、証券代行会社（信託銀行等）にその株式残高を確認した上で、証券会社等から残高証明を取り寄せる必要がありますのでご注意ください。

　この登録済加入者情報の開示請求は郵送で行います。加入者自身が行うことが原則ですが、相続人が、ほふりに対して「登録済加入者情報開示請求書」に一定の書類を添付して行うこともできます。相続人が開示請求を行う場合には、以下の書類を添付しなければならないとされています。

　①登録済加入者情報開示請求書

　②手続きを行う相続人の本人確認書類（運転免許証、マイナンバーカード等のコピー）

　③法定相続情報一覧図又は相続人と被相続人の関係を示す戸籍等

　④被相続人の住所を確認できる書類（住民票の除票又は戸籍の附票）

　開示結果は代引きサービスで郵送されてきますので、受取りの際、開示費用として、1件6,050円（消費税込み）を支払います。

(2) 単元未満株式等の確認

　被相続人の特定口座の残高を確認しただけでは、単元未満株式の申告漏れを起こす可能性があります。そこで、配当金の支払通知書の控えの有無などを相続人等に対して質問し、それらの書類から単元未満株式の存在を確認するようにします。

　所有する株式の銘柄については、株主名簿管理人（多くは信託銀行。『会社四季報』などで確認できる）に対して、株式の残高証明書、異動明細書を電話依頼で取得できます。その場合、単元未満株式のみの残高証明書を依頼することや、日付を指定することも可能です。

　電話依頼の際は、被相続人の氏名（漢字・読み仮名）・生年月日・住所等を伝えるだけです。証明書等は被相続人（又は相続人）の住所に2週間～4週間後、郵送で届くことになります。

7. 国外財産の確認

(1) 国外送金等調書

「内国税の適正な課税の確保を図るための国外送金等に係る調書の提出等に関する法律」(以下「国外送金調書法」)によって、銀行等の金融機関は 100 万円を超える国外送金が行われた場合には、税務署へ「国外送金等調書」を提出する義務があります。

銀行等が税務署に提出する国外送金等調書には、次のような内容が記載されます。

①国外送金か、国外からの送金の受領(入金)か、の別

②国外の送金者又は受領者の氏名又は名称

③国外の銀行等の営業所等(支店)の名称、取次ぎ金融機関の営業所等の名称

④国外送金等に係る相手国

⑤本人口座の種類、口座番号

⑥国外送金等の金額:外貨種類、外貨額、円換算額

⑦送金原因　など

(2) 国外財産調書

国外財産に係る情報の把握のために、納税者本人から国外財産の保有について申告を求める仕組みとして「国外財産調書制度」があり、その年の 12 月 31 日において 5,000 万円を超える国外財産を有する居住者は、当該財産の種類、数量及び価額その他必要な事項を記載した調書(国外財産調書)を翌年 6 月 30 日(令和 4 年分以前は 3 月 15 日)までに税務署長に提出する義務があります。

令和 3 年分の国外財産調書提出状況については、総提出件数 12,109 件(東京局・大阪局・名古屋局の順に多く、この 3 局で 85％を占める)となっています。

第4節

生命保険契約の確認

ポイント

生命保険契約に関する権利など、生命保険金等が支払われていないものについて細心の注意を払い相続財産への申告漏れを防止しなければなりません。所得税の確定申告書や、預貯金等の保険料の引落としの件数などからも検証が必要です。

【解説】

1. 生命保険料控除・地震保険料控除の確認

　所得税の生命保険料控除の対象となるものは、保険金等の受取人の全てをその保険料等の払込みをする人又はその配偶者その他の親族とする一定の保険契約等です。

　また、特定の損害保険契約等に係る地震等損害部分の保険料や掛金を支払った場合には、一定の金額の所得控除を受けることができます。これを地震保険料控除といいます。一定の長期損害保険契約等（満期返戻金等のあるもので保険期間又は共済期間が10年以上の契約など）に係る損害保険料については、地震保険料控除の対象とすることができます。

　所得税の確定申告の所得控除を確認すれば、これらの保険料の支払いの有無が分かります。これらの保険契約に伴う、生命保険金等や建物更生共済契約に関する権利、生命保険契約に関する権利、定期金に関する権利（年金の方法により支払いを受ける生命保険契約や損害保険契約に係る保険金の額）として相続財産となるものを確認します。

2. 預金口座からの引落とし件数の確認

保険料の払込方法には、毎月払い込む「月払」、半年ごとに払い込む「半年払」、毎年1回払い込む「年払い」、契約時に保険期間全体の保険料を1回で払い込む「一時払い」などがあります。

生命保険料等の払込方法については、一時払い以外では、クレジットカード払いや預金からの口座振替によるものが大半を占めています。そして、原則、1つの保険契約ごとに保険料が引き落とされていますので、保険料として預金から引落としされている件数と、生命保険金等や生命保険契約に関する権利等の数が一致しているかを確認するようにします。

3. 契約者の保険証書の確認

被保険者を相続人等とし、被相続人が契約者となり保険料を負担していた保険契約について、ある時点で契約者及び今後の保険料負担者を相続人等に変更していた場合には、相続開始時点の解約返戻金のうち、既払込保険料総額に占める被相続人の負担した保険料の割合に相当する金額はみなし相続財産となります。契約者変更がかなり前の場合には相続人自身にその認識がないこともありますが、現在存在する契約については全て保険会社に変更履歴が残っていますので、相続人全員の保険証書の裏書等の確認が必要です。

4. 団体信用生命保険

団体信用生命保険は、例えば、住宅ローンの返済途中で死亡、又は高度障害になった場合に、本人に代わって生命保険会社が住宅ローン残高を支払うというもので、主に住宅ローンを組む際によく利用されています。この保険の契約者及び受取人は融資をしている金融機関となりますので、たとえ被保険者（住宅ローン債務者）の死亡により支払われるものであっても、その死亡保険金は相続税の「みなし相続財産」とはなりません。

また、団体信用生命保険により補填されることが確実である住宅ローンの残債は相続人が支払うべきものではなく「確実な債務には当たらない」と考えられるので、債務控除は受けられません。

相続発生後に住宅ローン等の弁済の状況を確認することで、団体信用生命保険が付保されていたか否かを確認できます。

5. かんぽ生命・簡易生命保険

かんぽ生命や簡易生命保険については、サービスセンター（旧簡易保険事務センター。簡易生命保険及びかんぽ生命保険の管理等を行う組織）で加入の有無を確認することができます。

かんぽ生命保険や簡易生命保険について、株式会社かんぽ生命保険及び独立行政法人郵便貯金簡易生命保険管理・郵便局ネットワーク支援機構が定めている「証明書発行依頼書」と「委任状」によって代理請求し、保険契約の有無を確認することができます。特に、被相続人が保険料を負担していた相続人等名義の契約については、注意が必要です。

6. 生命共済等

農業を営んでいた被相続人であれば、JA（全国農業協同組合連合会）との取引があると思われます。その場合、生命共済の契約の有無の確認も重要ですが、建物更生共済制度による積立金（相続開始日における解約返戻金）についても残高証明書を入手しておかなければなりません。

また、JAへの出資金もあることが多いと思われますので、預金の残高証明書を入手するときに、取引の全ての残高証明書を請求するよう相続人にアドバイスをし、かつ、相続人にもそれらの財産の有無について質問をするようにしておきます。

7. 生命保険契約照会制度

一般社団法人生命保険協会では、親族が死亡した場合、又は認知判断

能力が低下した場合に、当該親族等が保険契約者又は被保険者となっている生命保険契約の有無を確認することができます。料金は、調査対象者1名につき3,000円です。

調査対象となる方（照会対象者）の死亡による照会の場合、調査を依頼する方（照会者）が死亡保険金受取人になっている契約については、その旨も回答されます。そのため、ご家族で照会代表者を1名決め、他のご家族は照会者として照会代表者に照会申込みを委任して申請します。

照会者は、照会対象者の法定相続人、遺言執行人が該当します。また、照会対象者の法定相続人の任意代理人として、弁護士、司法書士及び行政書士が照会申込みを行うことができます（税理士は照会者にはなれません）。

この制度は、照会対象者が生命保険会社42社に生命保険契約があるかの有無を回答するものであり、各保険会社に生命保険契約の存在が確認された場合には、照会者が各生命保険会社に契約内容の照会や保険請求を行うことになります。

8. 生命保険契約に関する権利

生命保険に加入している場合には、契約者（保険料負担者）、被保険者、受取人が誰かにより課税される税金が異なります。

（例：夫が死亡した場合）

契約者	被保険者	受取人	課税される税金
夫	夫	妻	相続税
夫	妻	夫	所得税
夫	妻	夫	贈与税

（1）一般的な生命保険契約

一般的には、契約者（保険料負担者）＝夫、被保険者＝夫、受取人＝妻といった保険契約が多く、この場合に妻が受け取った死亡保険金は「みなし相続財産」として、非課税枠（500万×相続人の数）を控除した金額が相続財産に加算されます。

(2)「契約者（保険料負担者）」と「被保険者」が相違する場合

　契約者（保険料負担者）＝夫、被保険者＝妻、受取人＝夫といった保険契約で夫が死亡した場合には、被保険者（保険の対象者）の妻が死亡したわけではないので、死亡保険金は発生しません。契約者である夫は、これまで保険料の支払いを行っており、この保険契約を解約すれば解約返戻金を受け取る権利があります。これを「生命保険契約に関する権利」といい、被相続人（夫）の本来の相続財産として遺産分割協議の対象となり、相続開始日（死亡日）における解約返戻金相当額で相続財産に計上しなければなりません。

(3)「契約者」と「保険料負担者」が相違する場合

　一般的な保険契約は、契約者＝保険料負担者であることが当然ですが、契約者≠保険料負担者（契約者と保険料負担者が違う）の場合があります。税法においては、契約者の名義がたとえ妻であったとしても、実際の保険料負担者が夫であった場合には、夫のみなし相続財産となります。実際は誰が保険料を負担してきたかにより、相続税が課税されるので注意が必要です。

　よって、契約者＝妻（保険料負担者＝夫）、被保険者＝夫、受取人＝妻である場合の死亡保険金は「みなし相続財産」として、相続税を計算します。

　一方、契約者＝子(保険料負担者＝父)、被保険者＝子、受取人＝孫といった場合があります。自分の子が保険料を支払うことに負担がかかるため、父（被相続人）の口座から保険料が引き落とされているケースです。被保険者が死亡していないため死亡保険金は発生しません。契約者が子であるため、相続人は相続税に関係ないと考えていますが、実際に保険料を支払ってきたのは父（被相続人）であるため、父親が死亡した場合には、「生命保険契約に関する権利」として相続開始日（死亡日）における解約返戻金相当額により、子のみなし財産として父（被相続人）の相続財産に計上しなければなりません。

(4) 被相続人の通帳から支払われている保険料は必ず確認

　相続税の税務調査において、よく指摘される項目の一つがこの「生命保険契約に関する権利」です。被相続人の預金通帳を必ず確認して、通帳に保険会社の名前がある場合には、その保険料の支払いは「どこの」「誰の」保険に対する支払いかを突合する必要があります。

　また、保険料の支払いは銀行口座からの引落としに限らず、集金により現金で支払っている場合があります（JA 共済・かんぽ生命等）。契約者以外の者（被相続人）が自分の口座から集金日前に出金して、現金により支払っていることがあります。現金払い前の被相続人の預金からの引出しを確認するとともに、必ず保険契約者に自身が負担しているかを確認する必要があります。

　生命保険に限らず、損害保険についても、解約した際の返戻金のある場合がありますので、注意しなければなりません。

第 **5** 節

その他の財産の確認

ポイント

相続税の申告手続に関連して、社会保障に関する手続きも欠かせません。これらの手続きによって生じる精算金等は相続財産を構成したり、相続人の所得税の課税関係に影響を与えたりします。同族会社との債権・債務の有無などについても、会社の決算書や申告書、元帳、議事録などから確認しましょう。

【解説】

1. 介護保険料、後期高齢者医療制度の保険料等

　被相続人の死亡時の年齢が65歳以上など一定年齢以上であれば、介護保険料、及び後期高齢者医療制度の保険料などの精算金等が生じます。

　この精算金等は、相続人へ払戻し等が行われますが、これらの払戻金等は被相続人の本来の財産となるため、遺産分割協議が必要になり、相続税の申告に計上しなければなりません。

　なお、未支給年金は相続財産とはならず、受け取った人の一時所得となります。

(1) 介護保険料の未収・未払い

　介護保険制度により、40歳になると介護保険に加入し介護保険料を支払う義務が生じ、65歳以上の方（第1号被保険者）は介護が必要となれば、介護サービスを受けることができます。介護保険料の支払方法については、40歳以上64歳までは社会保険に加入している方は給与から天引きされ、国民健康保険加入者は普通徴収となり、納付書（又は口座振替）

により支払います。65歳以上になると原則として、年金からの特別徴収（天引き）によることとされていますが、年金から控除できない場合は普通徴収となります。

65歳以上の方（第1号被保険者）が死亡した場合、介護保険の被保険者資格の喪失日は、死亡した日の翌日となります。介護保険料は被保険者資格喪失日の前月までを月割りで算定し、介護保険料額が変更となった場合は、後日市役所等から、「介護保険料変更決定通知書」が送られてきます。この精算金は相続財産となります。

【算定方法】
　月の末日に死亡した場合は、死亡した月までを算定し、月の末日以外に死亡した場合は、死亡した前月までを算定します。
（例）

死亡した日	資格喪失日	介護保険料算定期間
6月30日	7月1日	4月から6月まで（3か月分）
6月29日	6月30日	4月から5月まで（2か月分）

　死亡による介護保険料額の変更に伴い、介護保険料が納めすぎとなった場合は市役所等から遺族（相続人）に還付（返金）し、不足する場合は、遺族（相続人）は不足分を納付しなければなりません。
　その際の還付金は相続財産に計上し、不足分の納付額は債務控除の対象となります。

(2) 後期高齢者医療保険料の未収・未払い

75歳以上は、後期高齢者医療制度の対象者（被保険者）となり、65歳以上75歳未満でも一定程度の障害状態にあれば対象者になります。

後期高齢者医療制度の保険料は、偶数月に支払われている公的年金から、当該支払月ごとに2か月分を特別徴収することを原則としています。前年の所得が確定するまでは、仮算定された保険料を天引きし（仮徴収）、前年の所得確定後に「年額保険料−仮徴収した保険料」を3期に分けて徴収されます（本徴収）。具体的には、「4月・6月・8月⇒仮徴収」「10月・

12月・2月⇒本徴収」となります。そのため、一定の過不足が発生することから、相続財産としての確認が不可欠です。

図2-5-1 後期高齢者医療保険料特別徴収（年金天引き）のスケジュール

4月	6月	8月	10月	12月	翌年2月
第1期	第2期	第3期	第4期	第5期	第6期
仮算定（仮徴収）			本算定（本徴収）		
前年度と同段階区分にて算定			決定した年間保険料額から仮徴収額を差し引いた額を3回に分けて納付		

【算定方法】

　月の末日に死亡した場合は、死亡した月までを算定し、月の末日以外に死亡した場合は、死亡した前月までを算定します。

（例）

死亡した日	資格喪失日	後期高齢者医療制度の保険料算定期間
6月30日	7月1日	4月から6月まで（3か月分）
6月29日	6月30日	4月から5月まで（2か月分）

　死亡による後期高齢者医療制度の保険料額の変更に伴い、後期高齢者医療制度の保険料が納めすぎとなった場合は市役所等から遺族（相続人）に還付（返金）し、不足する場合は、遺族（相続人）は不足分を納付しなければなりません。

　その際の還付金は相続財産に計上し、不足分の納付額は債務控除の対象となります。

(3) 高額療養費の未収

　高額療養費制度とは、公的医療保険制度の一つで、医療機関や薬局の窓口で支払った額（入院時の食費負担や差額ベッド代等は含まない）が、暦月（月の初めから終わりまで）で一定額を超えた場合に、その超えた金額を支給する制度です。最終的な自己負担額となる毎月の負担の上限額は、保険加入者が70歳以上か否かや、加入者の所得水準によって分け

られています。

　支給されるまでに受診した月から3か月以上かかり、死亡後に被相続人の高額療養費が相続人に払戻しされた場合には、その金額は相続財産となります。

図2-5-2　高額療養費の自己負担上限額（70歳以上の人の場合）

適用区分		外来（個人ごと）	ひと月の上限額（世帯ごと）
現役並み	年収約1,160万円〜 標報83万円以上／課税所得690万円以上	252,600円+（医療費−842,000）×1%	
現役並み	年収約770万円〜約1,160万円 標報53万円以上／課税所得380万円以上	167,400円+（医療費−558,000）×1%	
現役並み	年収約370万円〜約770万円 標報28万円以上／課税所得145万円以上	80,100円+（医療費−267,000）×1%	
一般	年収156万〜約370万円 標報26万円以下 課税所得145万円未満等	18,000円 （年14万4千円）	57,600円
住民税非課税等	Ⅱ　住民税非課税世帯	8,000円	24,600円
住民税非課税等	Ⅰ　住民税非課税世帯 （年金収入80万円以下など）		15,000円

注　1つの医療機関等での自己負担（院外処方代を含みます。）では上限額を超えないときでも、同じ月の別の医療機関等での自己負担を合算することができます。この合算額が上限額を超えれば、高額療養費の支給対象となります。

出所：厚生労働省ホームページ

　なお、民間の医療保険に加入している場合にも、死亡保険金の請求に伴い、併せて入院給付金や手術給付金などが死亡保険金と一緒に支払われることもあります。死亡保険金は、法定相続人1人当たり500万円まで非課税とされています。しかし、被相続人が受け取るべき入院給付金や手術給付金については本来の相続財産として、遺産分割協議の対象となり、相続税の課税対象となりますが、死亡保険金の非課税の対象にはなりません。

(4) その他の支給額

　上記の「(3) 高額療養費」以外にも、高額介護サービス費・高額介護合算療養費・高額医療合算介護サービス費など、相続開始後に被相続人に支給される給付金等もあるため、相続人から決定通知書やお知らせ等を確認する必要があります。

　また、上記の「(1) 介護保険料」「(2) 後期高齢者医療保険料」の還付金や不足金など、及び「(3) 高額療養費」、その他の支給額については、相続人からの委任状により、関係役所等で調査することが可能な市町村もあります。

(5) 未支給年金

　原則として、国民皆年金であることから、65歳以上であれば老齢基礎年金の給付を受けているはずです。年金は、年6回に分けて支払われ、支払月は、2月、4月、6月、8月、10月、12月になっています。それぞれの支払月には、その前月までの2か月分の年金が支払われます。

　例えば、4月に支払われる年金は、2月、3月の2か月分です。年金受給者が死亡した場合には、死亡した月の分まで支払われます。死亡した人に支払われるはずであった年金が残っているときは、遺族にその分の年金（未支給年金）が支払われます。

　「未支給年金・未支払給付金請求書」に、戸籍謄本、年金を受けていた方と請求者が生計を同じくしていたことが分かる書類を添えて、最寄りの年金事務所又は街角の年金相談センターに提出します。

　未支給年金を受け取ることのできる遺族は、年金を受けていた人の死亡当時、その人と生計を同じくしていた配偶者、子、父母、孫、祖父母又は兄弟姉妹です。未支給年金を受けられる順位もこのとおりです。

　なお、未支給年金は相続財産ではなく受取人の一時所得となります。

(6) 有料老人ホームの入所保証金や預け金などの還付金

　多くの有料老人ホームでは、入所時に入所一時金などを支払い、その一時金は月単位で家賃相当額の一部に充当され、退去時に未償却残高が無利息で返還されます。この返還金額は相続財産となります。なお、

2人入居の場合で入所一時金を支払った者が先に死亡したときは、もう1人がそのまま利用することになるため現実に入所一時金が返還されていなくても、入所一時金の返還金相当額を相続財産として計上する必要があります。この返還金相当額は、有料老人ホームに入所の際の契約書や最終精算書で確認できます。

　また、入所時に預け金（保証金）を支払う有料老人ホームの場合には、退去時に日割り家賃や食費、医療費の立替分などの未払い分と精算されます。その際に還付がある場合には、還付金を相続財産に計上し、精算金の支払いがある場合には、支払額を債務控除の対象とします。

2. 同族会社に関連する財産

(1) 同族会社株式

　上場株式は原則として時価で評価するものとされていますが、取引相場のない株式については、株式の取得者ごとに評価方法が異なります。同族会社においては、同族株主であれば、純資産価額方式や類似業種比準方式、又はこれらの併用方式により評価します。これを、原則的評価方式といいます。また、同族株主以外であれば、配当還元方式によって評価します。これを特例的評価方式といいます。

①会社規模の判定

　取引相場のない株式を評価するには、まず評価会社の会社規模の判定を行います。財産評価基本通達では、評価会社を従業員数・総資産価額（帳簿価額）・取引金額（売上高）によって、大会社・中会社・小会社に分類し、それぞれについての評価方法を定めています。

②類似業種比準方式による評価

　評価会社が国税庁の区分による業種目のどれに該当するかは、まず評価会社の事業が小分類に記載されたどの業種目に該当するのかを判断します。小分類に該当するものがない場合には中分類に記載されたもので判断します。この場合の業種目は日本標準産業分類によることとされています。

　いまや会社が複数の事業を行うことが多くなってきており、業種目の

判断は非常に難しくなっています。会社の事業が複数の業種目にまたがっている場合には、売上高の割合が50%を超える業種から類似業種を選択することになるため、相続時点での売上構成がどうなっているのかを必ず確認し、業種目の再確認をするようにしましょう。

③純資産価額方式による評価

純資産価額方式とは評価会社の課税時期現在における資産・負債を財産評価基本通達の定めによって評価した価額に評価替えをし、一株当たりの価額を算出する方法をいいます。

この場合、資産の部に計上される各資産は、原則として個人の事業用資産と同様の評価方法によって評価します。つまり、帳簿上は資産として計上されていないものであっても、相続税法上の課税財産に該当するもの、例えば無償で取得した借地権や、特許権、営業権などがある場合にはこれらを評価し、一方で、たとえ帳簿上には計上されていても、財産性がないものとされる前払費用、繰延資産、繰延税金資産などについては、評価の対象となりません。また、帳簿に計上されている固定資産等に減価償却不足があるかどうかの確認も必要です。

なお、被相続人に死亡退職金を支払う場合には、その退職金の額を未払退職金として債務に計上します。被相続人の死亡を保険事故として評価会社が受け取った生命保険金は、生命保険請求権として評価会社の資産に計上します。死亡退職金の額との差益がある場合には、保険差益にかかる法人税等相当額を負債として計上し、その旨を添付書面に記載するようにしましょう。

(2) 同族会社の債権・債務

被相続人と同族会社との間の債権・債務については、多くの税務上のトラブルが発生しているといわれています。その多くは被相続人の同族会社への貸付金をめぐるものであり、決算書に計上されている貸付金（会社の決算書上は借入金）を回収可能性があるとして元本の価額で評価するのか、回収可能見込額で評価するのかというものです。

財産評価基本通達では貸付金の評価は、元本とその利息の価額との合計額によって評価するものとされており、貸付金等の評価を回収可能見

込額として評価できるのは、債務者である法人について、会社更生法の更生手続き開始の決定があった場合など、一定の場合に限られていることに留意が必要です。

このほか、仮払金や立替金、未収入金などの勘定科目の中に被相続人対するものが含まれていないかどうかの確認、さらには、決算書だけではなく過去に遡っての相続人からのヒアリングや総勘定元帳のチェックも怠らないようにしてください。

3. 退職金や弔慰金

(1) 退職金

被相続人の死亡によって、被相続人に支給されるべきであった退職手当金、功労金などを受け取った場合には、相続財産とみなされて相続税の課税対象となります。これは、被相続人の死亡後3年以内に支給が確定したものとされていますが、具体的には次のものをいいます。

①死亡退職金で支給される金額が、被相続人の死亡後3年以内に確定したもの

②生前に退職していて、支給される金額が被相続人の死亡後3年以内に確定したもの

なお、死亡退職金については、非課税とされる限度額は［500万円×法定相続人の数］で計算します。

同族会社の役員が死亡した場合には、退職金規程に基づいて支給金額を算定し、株主総会で決議することによって支給が決定されますので、議事録等の確認も必要となります。

(2) 弔慰金

弔慰金とは、本来は遺族に対し支払われるものであり、非課税財産として取り扱われます。

しかし、一方で弔慰金等として支給された金員であっても、実質的に死亡退職金等と認められるものについては、みなし相続財産として取り扱います。

　弔慰金等の非課税となるものは以下のとおりであり、これを超えるものについてはみなし相続財産である退職金として取り扱います。

　①業務上の死亡である場合…死亡時における普通給与の3年分相当額

　②業務上の死亡でない場合…死亡時における普通給与の6か月分相当額

　非課税の弔慰金は申告書に記載する必要はありませんが、業務上死亡の有無、金額等の算定基礎など非課税とした理由などを添付書面等に記載するようにしましょう。

(3) 小規模企業共済

　小規模企業共済とは、独立行政法人中小企業基盤整備機構が運営する共済制度です。

　独自の退職金制度を持たない個人が廃業したり、規模が小さな中小企業の役員などが退職したりした場合に、退職金として給付を受けることができる制度として広く利用されています。

　この小規模企業共済の積み立てを行い、退職金を受給しないまま相続が発生した場合には、死亡退職金として非課税の限度額の適用を受けることができます。

　なお、小規模企業共済の死亡時共済金は、受取人の指定ができないこととされており、共済契約者が死亡した場合の受給権順位第1位は配偶者（内縁関係を含む)、第2位は生計を一にする親族などと定められているので注意が必要です。

4.　事業に関連する財産等

　個人事業主に相続が発生した場合、事業に使用していた資産も相続税の課税対象となります。事業用資産は、機械装置、器具、工具、備品、車両運搬具などの一般動産と、商品や製品などの棚卸資産等に分類されます。

(1) 一般動産

　事業を営む者が所有し事業のために使用していた機械装置、器具、工具、備品、車両運搬具などの一般動産の評価方法は、原則として売

買実例価額、精通者意見価格等を参酌することとなっています。ただし、これにより評価することが困難な場合には、原価法（減価償却方法は定率法）により評価します。

なお、冷暖房設備、電気設備、給排水設備、消火設備、浴槽設備など家屋の付属設備として評価されるものは、一般動産には含めないものとされています。

(2) 棚卸資産

棚卸資産とは商品、原材料、半製品、仕掛品、製品、生産品その他これらに準ずる動産をいいます。商品や製品の評価については、原則として以下のとおりです。

①商品・製品　［販売価格−（適正利潤の額＋予定経費の額＋消費税等）］
②原材料・半製品・仕掛品等　［仕入価格＋引取運賃等諸経費］

5. その他の財産

(1) 未収給与等

被相続人の勤務にかかる給与で、その者の死亡後に支給時期が到来する賃金債権は、共同相続人が相続により承継するものとされ、本来の相続財産となります。したがって、みなし相続財産である死亡退職金等のような非課税の取扱いはありません。

これらの未収給与等は配偶者等の相続人の口座に振り込まれる場合が多く、相続人への聞き取りや相続人の口座を確認するなどして、その金額を把握するようにしましょう。

(2) 未収賃料等

貸地や貸家、駐車場の収入がある場合は契約基準による未収入金の有無の確認が必要です。必ず契約書や家賃台帳と突合し、計上漏れのないように留意してください。

(3) 家庭用財産

　家具や家財などについては、個別に評価することはせず、一括して時価相当額を相続財産として計上することとなります。なお、家庭用財産の購入資金として多額の出金等がある場合には、個別の評価をするなどの注意が必要です。

(4) 準確定申告による還付金

　被相続人の準確定申告によって清算される所得税の還付金は相続財産となりますので、準確定申告書の再確認が必要です。

(5) 電話加入権、信用金庫やJAの出資金など

　これらは、金額は少額かもしれませんが、相続財産として計上漏れのないよう注意したいところです。相続人へのヒアリング、被相続人だけではなく、相続人の預金通帳などをしっかりとチェックし、これらの金融機関と取引があれば、残高証明書を取得することによってその有無を確認するようにしましょう。

　なお、電話加入権は少額なため、現在では家庭用財産に含めて一括評価してもよいこととされています。

(6) 未収配当等

　上場株式や投資信託等を被相続人が所有していれば、相続発生後に配当金や利息が支払われる場合があります。この場合には銘柄ごとに配当等の状況をチェックし、相続財産に計上していく必要があります。

債務・葬式費用の確認

債務については、銀行借入金だけでなく、未納となっている公租公課や病院等への医療費などの債務控除漏れがないように注意が必要です。また、被相続人が連帯保証人となっていたか否かも、残された資料などから慎重に検証します。葬式費用については葬儀社への支払いのほか、お寺への支払いなど領収書がないものも控除の対象となることに注意が必要です。

【解説】

1. 債務控除

相続財産から控除すべき債務は、確実と認められるものに限られます（相法14）。実務上よく控除の対象となるものは、被相続人の死亡の際、債務と確定しているもののほか、被相続人に係る所得税、住民税、事業税、登録免許税、自動車重量税及び消費税等があります。

公租公課のような債務は、相続税の申告期限までに相続人が支払っている場合も多くあることから、納付の事実をヒアリングし、また、納付書等によって確認することにより、相続財産から債務控除の漏れを防止するようにします。

(1) 未払医療費

被相続人が病院で亡くなった場合、病院代の支払明細や領収書を確認するようにしましょう。多くの場合は死亡後に医療費の支払いが発生します。

　一方で、その医療費は、被相続人の債務控除とするのか、相続人の所得税から医療費控除とするのかも整理して確認するようにします。

(2) 固定資産税や個人住民税等は誰が支払ったか

　固定資産税は、毎年1月1日（賦課期日）に、「土地・家屋・償却資産」を所有している者に課税され、納税通知書は毎年4月～6月ごろに郵送されます。納期は4期に分かれ、6月、9月、12月及び翌年2月となっていますが、1年分を一括納付することもできます。

　そのため、例えば10月に相続が発生したような場合には、固定資産税の残り2期分が未納となっているのか、1年分を一括納付したため未納分はないのかの確認をする必要があります。

　同様に、個人住民税や個人事業税なども死亡時期と納期を確認し、未払い分があるかどうかを納付書などで確認するようにしてください。

　特に年初に相続が発生したときには、前年分の未払いと当年分の支払うべき税額の双方があることとなりますので、より注意が必要です。

(3) 準確定申告による所得税及び消費税

　所得税の確定申告を済ませた被相続人が、その後に亡くなった場合、具体的には、3月16日～4月の中旬ごろに相続開始する場合には、振替納税を選択していると、確定した所得税などの納付は未納のままとなっていることもあります。これは、指定された預金口座が名義人の死亡を銀行が認識した時点で凍結され、振替納税の日に引落としができなかったためです。この場合、相続人が後日現金で納付していることが多いようです。

　そのため、所得税の未納分が債務控除漏れとなる事例も見受けられますので注意が必要です（第1章第3節参照）。

(4) 賃貸不動産がある場合の敷金・保証金

　賃貸不動産がある場合の敷金・保証金について、賃貸借契約書などでその有無を確認して、解約時に返還する金額があれば、債務控除の対象として計上することになります。

　管理業者が一括して借り上げている場合には、その管理業者が敷金等を預かっていることもありますので、それらの点についても確認しておきます。

(5) ひも付きの借入金

　銀行借入金などがある場合には、その資金で何を取得したのかを確認します。ひも付き関係の資産と負債は一括して相続するようにし、相続後の相続人の所得税において不利益な取扱いを受けることを回避します。

　例えば、全額借入金により土地を取得し、青空駐車場として貸していた父が亡くなったことにより、その駐車場を長男・二男及び長女が３人で均等に共有する相続をし、父の借入金の残額は長男が引き継ぐこととなった場合、相続後の所得税の計算において、その借入金利子がどのように取り扱われるかについて考えてみましょう。

　不動産所得の計算上必要経費となるものは、不動産所得を生ずべき業務の遂行上生じた費用に限られています。

　そこで、父が青空駐車場の土地を借入金で取得し、長男が、その土地の３分の１と借入金の残債を相続してその業務を承継した場合には、長男の不動産所得の計算上その引き継がれた借入金の利子を必要経費とすることができます。

　しかし、土地の３分の１しか相続していませんので、長男が不動産所得の計算上、引き継いだ借入金の利子を必要経費として控除できるのは、借入金の残額の３分の１に対応する利子だけとなります。

　二男及び長女については、それぞれの持分に応じた不動産所得が発生しますが、借入金の残債を承継していませんので、借入金利子を必要経費とすることができないこととなります。

　このように、土地と借入金がひも付き関係にあるものは、プラスの財産とそれに対応するマイナスの財産を一括して相続しないと、相続後の不動産所得の計算上、借入金利子の一部について、必要経費とすることができなくなり、大変不利な取扱いを受けることになる旨を説明しておく必要があります。

(6) 被相続人が連帯債務者や連帯保証人となっているものはないか

連帯債務者、保証人及び連帯保証人の概要は以下のとおりです。

①連帯債務者

夫婦や親子などが共同でお金を借りた場合は、それぞれが「債務者本人」となり、連帯債務者は借り入れた金額全額に対して返済の義務を負います。

ただし、相続税に関してはその全額がただちに債務控除の対象になるわけではありません。その資金の使途、その資金によって取得した資産による経済的利益の帰属者などの状況によって債務控除の対象となる金額が決まります。

例えば、その借入金によって取得した資産について、被相続人の所有割合が70%であるような場合には、債務控除できる金額も70%となります。

②保証人

債務者が返済不能になったときに、債務者に代わって返済義務を負う人のことです。大切な点は「債務者が返済できないとき」ですので、保証人は債権者に対して、まずは債務者に請求するように主張することができます。債務者が返済できないときとは、債務者が倒産するなどの場合などですが、相続税法上は単に保証人であるだけでは債務控除をすることはできません。債務控除をするためには、実際に保証債務を履行する可能性が非常に高く、さらに債務者が弁済不能の状態であり、求償権を行使しても弁済を受ける見込みがない場合に限られます。

③連帯保証人

保証人との違いは、「債務者が返済できないとき」に限らず、債権者の請求があったときに返済の義務がある点です。例えば、返済能力があってもなかなか支払わない債務者の場合、債権者は連帯保証人に対して返済を請求することができます。極端に言えば1日でも返済が遅れれば、請求されることがあり、債務者とほぼ同じ扱いとなります。連帯保証人には、「催告の抗弁権」がないのです。

ただし、連帯保証人であっても、債務控除をする場合には保証人と同様、実際に保証債務を履行する可能性が非常に高く、さらに債務者が弁済不

能の状態であり、求償権を行使しても弁済を受ける見込みがない場合に限られます。

保証については、相続人が単純承認（相続人が被相続人の権利義務を無限定に承継すること）すると、保証人や連帯保証人としての地位も承継することとなりますので、その点を相続人に対して注意喚起しておく必要があります。

2. 葬式費用

葬式費用は領収書や明細書で親族の負担した盛花代や初七日費用を除き、その費用を負担した人が債務として控除することができます。また、戒名料、お寺への御礼など領収書のないもので支払ったものも葬式費用に含まれます。通常お寺などへの支払いについては、領収書等が交付されないことが多く、支払金額やその支払事由、支払った先のお寺の名前や住所などを確認します。また、お寺の戒名料の支払いの有無や、支払った金額の中に、控除ができない初七日の費用などが混在していないかなども確認が必要です。

なお、お葬式の後、かなり時期が遅れて債務控除の対象となる納骨費用が発生することもありますので、その点にも注意が必要です。

(1) 葬式費用に該当するもの
①通夜、告別式のために葬儀会社に支払った費用
②通夜、告別式に係る飲食費用
③葬儀を手伝ってもらった人などへの心付け
④寺、神社、教会などへ支払ったお布施、戒名料、読経料など
⑤通夜や告別式当日に参列者に渡す会葬御礼費用
⑥火葬、埋葬、納骨にかかった費用
⑦遺体の捜索、遺体や遺骨の運搬にかかった費用
⑧死亡診断書の発行費用

(2) 葬式費用ではないもの

①香典返戻費用

②墓碑及び墓地の買入費並びに墓地の借入料

③法会に要する費用

④医学上又は裁判上の特別の処置に要した費用

過去の申告書・調書・届出等の確認

ポイント

前回の相続が比較的近い場合には、過去の相続税の申告書から、被相続人が何を幾ら相続したかを確認し、その後、その相続した財産がどのように管理・運用されたのかなどを確認することが重要です。

【解説】

1. 過去の相続税の申告書

　今回の相続開始前 10 年以内に被相続人が相続、遺贈や相続時精算課税に係る贈与によって財産を取得し相続税が課されていた場合には、その被相続人から相続、遺贈や相続時精算課税に係る贈与によって財産を取得した人の相続税額から、一定の金額を控除することができます。（相次相続控除）。そのため、前回の相続開始が 10 年以内であったかを確認し、10 年以内であった場合は相続税の申告書の控えの提出を求めます。相続人が保管していない場合には、相続人から委任状を取得し所轄税務署で写しを入手することとなります。

　また、前回の相続から 10 年を経過していても、相続人の手元に相続税の申告書が残されていたら、今回の被相続人が前回の相続で何を相続し、その相続した財産がその後のどのように変化したのかを、可能な限り追跡調査をしてみる必要があります。

2. 被相続人の所得税の確定申告書・決算書

　所得税の事業所得や不動産所得の決算書の「減価償却費の計算明細書

や貸借対照表（資産負債調）」などから、事業用の車両や什器備品等の動産や、アスファルト舗装等の構築物などの財産を把握することができます。

3. 財産債務調書

　財産債務調書制度とは確定申告書を提出しなければならない方、もしくは一定の還付申告書を提出することができる方について、その確定申告書とは別に財産の種類や価額、また、債務の金額を記載した調書の提出を求める制度です。

　この制度は何度かの改正を経ていますが、令和5年分以降に調書の提出が義務付けられるのは、その年分の退職所得を除く各種所得の金額の合計額が2,000万円を超える方については、その年の12月31日において3億円以上の財産又は1億円以上の国外転出特例対象財産を有する方、そして各種所得の金額が2,000万円を超えていない場合であっても、その年の12月31日において10億円以上の財産を有する方とされています。

　この財産債務調書に記載する財産の価額は、現金や預金であればその額面の金額を記載することになりますが、その他の財産については、12月31日時点での時価、もしくは時価に準ずる見積額を記載します。

　具体的には、土地や建物などの価格については時価によることが原則ですが、固定資産税評価額や取得価額から償却費の額の合計額を控除した価額でもよいとされています。

　この財産債務調書は、その年の翌年6月30日（令和4年分以前については3月15日）までに税務署長に提出することとなっています。

4. 国外財産調書

　その年の12月31日において5,000万円を超える国外財産を有する居住者は、当該財産の種類、数量及び価額その他必要な事項を記載した調書（国外財産調書）を翌年6月30日（令和4年分以前については3月15日）までに税務署長に提出する義務があります（国外送金調書法5）。

この国外財産調書は、平成26年1月1日以後に提出すべき国外財産調書から適用されていますので、国外財産調書を提出した人の相続では、その内容も精査しなければなりません（第2章第3節参照）。

5. 被相続人や相続人が主宰する会社の決算・申告書

被相続人と会社との貸借・未収又は未払等の債権・債務の有無などの確認は欠かせません。また、被相続人がその会社と不動産などの貸借をしている場合には、賃貸借又は使用貸借のいずれか、敷金・保証金の収受の有無、また、株主の状況を確認して、その会社が特定同族会社に該当するのか否か、など相続税の申告に大きな影響を与える項目が多くあります。

6. 死亡届の税務署での取扱い

死亡届は、死亡の事実を知った日から7日以内（国外で死亡したときは、その事実を知った日から3か月以内）に、死亡者の死亡地・本籍地、又は届出人の所在地の市役所、区役所又は町村役場に届け出ることとされています。

一方で戸籍法についても改正が進められており、この提出された死亡届は市町村等の窓口を経てデジタル化され、法務局に電子情報として集約することとされています。

このため、相続税法第58条は①死亡した者の氏名、住所、性別及び生年月日、②死亡届出をした者の氏名・続柄、③その市町村においてその死亡者が所有する不動産の明細、及び④その市町村におけるその死亡者の直前の市町村民税の年税額も、などの情報をそれぞれ国税庁長官や所轄の税務署長へ通知することとされています。

通知を受けて、税務署では国税総合管理（KSK）システムを駆使して、過去に蓄積された情報を基に、総遺産額や基礎控除額等を推計することにより相続税の申告の有無の必要性を判定しているようです。KSKシステムは、平成13年に全国に導入された、全国の国税局や税務署をネッ

トワークで結び、納税者の申告に関する全情報を一元的に管理するコンピュータシステムです。

相続税法

（法務大臣等の通知）

第58条　法務大臣は、死亡又は失踪（以下この項及び次項において「死亡等」という。）に関する届書に係る戸籍法（昭和22年法律第224号）第120条の4第1項（届書等情報の提供）に規定する届書等情報（これに類するものとして財務省令で定めるものを含む。）の提供を受けたときは、当該届書等情報に記録されている情報及び当該死亡等をした者の戸籍又は除かれた戸籍の副本に記録されている情報で財務省令で定めるものを、当該届書等情報の提供を受けた日の属する月の翌月末日までに国税庁長官に通知しなければならない。

2　市町村長は、当該市町村長その他戸籍又は住民基本台帳に関する事務をつかさどる者が当該市町村が備える住民基本台帳に記録されている者に係る死亡等に関する届書を受理したとき又は当該届書に係る事項の通知を受けたときは、当該死亡等をした者が有していた土地又は家屋に係る固定資産課税台帳の登録事項その他の事項で財務省令で定めるものを、当該届書を受理した日又は当該通知を受けた日の属する月の翌月末日までに当該市町村の事務所の所在地の所轄税務署長に通知しなければならない。

＊この規定は、令和6年3月1日又は戸籍法の一部を改正する法律（令和元年法律第17号）附則第1条第5号に掲げる規定の施行の日のいずれか遅い日に施行されます。

生前贈与の有無の確認

ポイント

相続税は相続時に被相続人が所有していた財産だけではなく、被相続人から生前に贈与を受けていた財産についても相続財産に加算し、税額の計算を行うこととなっています。この生前贈与加算については、令和6年1月1日以降の贈与から、従前の相続開始前3年以内に行われた贈与であったものを、順次7年以内の贈与へと期間が延長されることとなりました。このため、これからの相続税申告に関しては今まで以上に被相続人と相続人、さらにはその他の親族との間の資金の出入りについての確認が重要となってきます。贈与契約書の有無、贈与した金額・価額、贈与税申告の有無など、基本的な確認事項を怠らないようにするとともに、確認した事項を添付書面に記載するようにしましょう。

【解説】

1. 被相続人の預貯金入出金確認表の作成

　相続税の税務調査においては、被相続人の7年〜10年分の金融資産の資金移動とその使途の調査が行われることが多いようです。これは、生前贈与加算の確認、贈与税の申告漏れ財産の確認、さらには、名義預金や名義株式等の相続税の申告漏れ等の確認を行うのが目的だと考えられます。

　相続税の申告業務を行うに当たっては、この税務調査と同様の作業を事前に行うことによって、事前に申告漏れを防止し、適正な申告を行うことが可能となります。また、同時に入出金表を作成することにより被

相続人の生活の状況、生命保険や損害保険、また小規模共済等への加入の状況、クレジットカードや、貸金庫の有無などの状況も明らかになり、財産や債務の状況など多くの情報が確認できるようになります。ぜひ作成するようにしましょう。

2. 贈与税の申告内容の開示請求制度

(1) 制度のあらまし

　贈与税の申告内容の開示請求制度は、相続税の申告や更正の請求をしようとするものが、他の相続人等が被相続人から受けた「相続開始前3年から7年以内の贈与」及び「相続時精算課税制度適用分の贈与」に係る贈与税の課税価格の合計額について開示を請求する制度です。

　開示の請求は、被相続人が死亡した年の3月16日以後に「相続税法第49条第1項の規定に基づく開示請求書」(以下「開示請求書」)を使用して行い、開示請求書には、下記の書類を添付しなければなりません。提出先は被相続人住所地を管轄する税務署です。

　①全部分割の場合：遺産分割協議書の写し
　②遺言書がある場合：開示請求者及び開示対象者に関する遺言書の写し
　③上記以外の場合：開示請求者及び開示対象者に係る戸籍の謄(抄)本

(2) 開示書の受取り・記載の内容

　開示請求書の回答となる「開示書」の受取りは、税務署で受け取る方法と請求者の自宅に郵送してもらう方法があります。

　①税務署で受け取る場合には、請求者又は代理人が本人確認書類(免許証等)が必要です。
　②郵送で受け取る場合には、税務署は請求者の住所地への送付しかできないことから、請求者の住所地を確認するための住民票と切手を貼付した返信用封筒も開示請求書に添付する必要があります。

開示書に記載される贈与税の課税価格の合計額は、次に掲げる金額です。

①被相続人に係る相続の開始前3年から7年以内にその被相続人から贈与により取得した財産の価額の合計額（各年分ごとの合計額ではないので注意が必要です）

②被相続人から贈与により取得した財産で、相続時精算課税制度の適用を受けた課税価格の合計額（こちらも各年分ごとの合計額ではありません）

(3) 開示請求の対象者

贈与税の申告内容の開示請求の制度は、請求者以外の相続人等が被相続人から受けた「相続開始前3年から7年以内の贈与」及び「相続時精算課税制度適用分の贈与」に係る贈与税の課税価格の合計額を確認するためのものであり、請求者が自身の贈与時期や贈与財産を確認するためのものではありません。

そのため、請求者が自身の申告書に記載された贈与時期や贈与財産を確認するためには、申告書等閲覧サービス、あるいは個人情報開示請求という手続きをすることになります。

また、この開示請求があった場合には、税務署長は請求後2か月以内に開示しなければならないことになっていますので、開示書を受け取るまで2か月と想定して、相続開始後10か月の相続税の申告期限に間に合うよう申請するようにしましょう。

3. 資産移転の時期の選択により中立的な税制の構築

(1) 令和6年分からの生前贈与加算期間の延長

富裕層が相続税の負担軽減のために、毎年高額の財産を推定相続人や孫等に贈与を繰り返していることは租税平等の原則に反するとして「相続税と贈与税に一体化」が検討された結果、相続人の贈与財産の相続財産へと加算する期間が令和6年1月1日の贈与からは、順次相続開始の日前7年間に延長されることとなりました。

　つまり、相続又は遺贈により財産を取得した者が相続の開始前7年以内（改正前は3年以内）に被相続人から贈与により財産を取得した場合には、原則としてその取得した財産（加算対象贈与財産）の価額を相続税の課税価格に加算した価額に対して相続税を計算することとなります。

　なお、110万円の基礎控除分も加算されますが、延長される4年間に受けた贈与については、少額の贈与に配慮して、期間延長された4年間の加算対象額から総額で100万円を控除した残額が相続税の課税価格に加算されることになりました。

　なお、この改正は令和6年1月1日以降に贈与により取得する財産に係る相続税について適用されますが、経過措置が設けられています。

　令和8年分までの相続については従来どおり3年内加算のままですが、令和9年分以降の相続については順次3年以上の期間の贈与分が相続財産に加算されていくこととなります。

　令和6年以降に贈与した財産についての加算対象期間は次のとおりです。

図2-8-1　相続開始日と加算対象期間

贈与者の相続開始日	加算対象期間
令和9年1月1日～令和12年12月31日	令和6年1月1日～相続開始日
令和13年1月1日～	相続開始前7年間

(2) 令和6年分からの相続時精算課税制度の基礎控除創設

　令和6年1月1日からの贈与について相続時精算課税制度を選択した場合には、110万円の基礎控除が設けられ、この基礎控除部分については、たとえ相続開始の直前であったとしても、相続時に加算する必要がありません。そのため今後は相続時精算課税制度を選択する人が増えてくるものと予想されます。ただし、この制度を選択すると110万円の基礎控除を超える部分については、年数の制限なく全ての贈与財産を相続財産に加算することとなるのは言うまでもありません。

　相続人によっては、相続時精算課税選択届出書を提出したときは年若

く、贈与を忘れてしまったケースや、何らかの行為によって、みなし贈与による課税が発生しているにもかかわらず、相続人が存知していなかったケースなども散見されます。相続時精算課税を選択している場合には、相続人に対して過年度の申告書の提出を求めると同時に、選択した時点以降の綿密な聞き取り調査が不可欠だということにご留意ください。

(3) 贈与の申告漏れには要注意

　このように、生前贈与加算が必要となる期間が延びることにより、税務当局の調査の対象も増えることが予想され、申告漏れ財産の指摘が増加するものと予想されています。

　今後は、被相続人から移転があった財産の確認には今まで以上に注意が必要となります。そのため、入出金確認表や贈与税の申告内容の開示請求制度を活用するなどして、適正な申告業務が担保できるよう準備するとともに、確認した事項については添付書面に記載するようにしましょう。

　贈与税の申告の時効は6年となっており、仮想隠蔽の場合は7年となっています。申告していない場合や税額が過少となっている場合は、期限後申告や修正申告が必要であることを説明し、申告を促します。できれば相続税の申告書と同時に提出し、納税するとともに、添付書面に記載することが望ましいでしょう。

第 3 章

....

財産の帰属判定

金融資産の帰属判定

ポイント

被相続人の親族名義の金融資産が、それぞれの親族の過去の収入と支出、他者からの贈与又は相続の状況などから判断して、過大である場合や被相続人の金融資産が明らかに親族名義に移動しているような場合には、被相続人の財産であるか否かの検討が必要となります。

【解説】

1. 「被相続人の預貯金入出金確認表」の作成

相続税の税務調査において、財産の申告漏れを最も多く指摘されるのは現金・預金等で3割以上、次に多い有価証券が1割以上で、これら金融財産で全体の5割近い比率を占めています。

実際の調査では被相続人の過去7年分（大口の金融資産保有者の場合には過去10年分）の金融資産の資金移動とその使途の確認が行われることが多いようです。それは、相続又は遺贈により財産を取得した者に対する相続開始前7年※内の贈与財産の相続税の課税価格への加算（相法19）の確認、相続税精算課税制度選択の有無、贈与税の申告漏れの確認、資金を移動した後も被相続人がその管理・収益授受を行っているような名義預金（口座名義は相続人等であっても、民法上の贈与が成立しておらず、その実質が出捐者である被相続人の財産であるものをいいます）の有無の確認等、あるいは大口出金の使途の確認等を行うためです。

相続税申告業務を行うに当たっては、税務調査と同様の作業を行うことにより、これらについて当初申告を適正に行うことが可能になります。

また、被相続人の生活費の額や生命保険の掛け金、小規模企業共済の掛け金、損害保険の掛け金、その他の大きな出金の有無などが明らかになります。これらの情報から死亡保険金、生命保険契約に関する権利などの、計上しなければならない財産の漏れがないかどうかを確認できます。

　家屋の大規模な増改築を行っている場合には、これを修繕費と資産計上すべきものとに区分しなければなりません。孫の結婚式の費用を負担している場合には、当主として被相続人が負担すべきものか、贈与税の課税対象とすべきものかの判断が必要となります。1,000万円を超えるような金額の入金があり、その当日、もしくは数日後に300万円、1,000万円などという区切りのよい大きな金額が出金されている場合には、本人の定期預金にしたのか、子や孫の名前での定期預金にされていないかなどの確認を行います。

　「被相続人の預貯金入出金確認表」（図3-1-1）には、通帳などからその入出金の具体的内容が分かるものは当初から記入しておき、不明なものは作成した「被相続人の預貯金入出金確認表」を基に相続人から聞き取り調査をします。相続人は最初に聞いたときにはよく分からないと言っていても、次回に訪問したときには思い出していることもあります。これが事前に「被相続人の預貯金入出金確認表」を作成する効果です。税務調査の際に聞かれて、返答がしどろもどろになってしまい、それが調査官の印象を悪くするといったこともあり得ます。相続人がどうしても思い出せなかったり、被相続人しか分からないので数百万円単位で使途が不明だったりすることもあります。このような場合には、出金した当日及びそれ以降に相続人やその他の親族に移転していないかどうかの確認を行います。移転していればその事実を、移転事実が確認できず相続人に確認しても分からない場合には、使途の欄に不明と記入します。

　株式や投資信託への投資を行っていた方の場合には「有価証券資金移動表」も作成します。

※令和8年末までの相続等では相続開始前3年以内。令和9年以後の相続等から順次加算期間が延長され、令和13年1月1日以後の相続等から加算期間が7年となります。

図3-1-1 被相続人の預貯金入出金確認表 （例）

			残高 340,080			残高 225,976			残高 5,473,015			
			○○信用金庫 ○○○支店 普通111111			○○信用金庫 ○○○支店 普通222222			○○信用金庫 ○○○支店 普通333333			
			主な用途：家賃受取			主な用途：地代受取、諸税・保険料支払			主な用途：			
年	月	日	入金	出金	摘要	入金	出金	摘要	入金	出金	摘要	
5	7	28										
5	7	26	184,000		□□		500,000	後期保険料				
5	7	26		250,000	資産計上		178,100	出金				
5	7	25				350,000						
5	7	19										
5	7	8										
5	6	28										
5	6	28										
5	6	27	184,000		□□		508,500	出金				
5	6	27		250,000	生活費		585,400	出金				
5	6	24				350,000						
5	6	21										
5	6	15					20,000	送金				
5	6	15					630	振込手数料				
5	6	14								900	現金出金	
5	6	14								70,000	現金出金	
5	6	14								60,000	現金出金	
5	6	7								1,000,000	法人貸付	
5	5	31		300,000	生活費		1,571,700	固定資産税				
5	5	30										
5	5	26	184,000		□□							
5	5	25				350,000						
5	5	17										
5	5	2					345,000	送金				
5	5	2					840	振込手数料				
5	4	27										
5	4	26	184,000		□□							
5	4	25				350,000		○○自動車				
5	4	18										
5	4	15										
5	3	28	184,000		□□							
5	3	25				350,000		○○自動車				
5	3	17										
5	3	11		500,000	生活費		265,500	出金		390,000	法事費用	
5	2	28	184,000		□□							
5	2	25				350,000		○○自動車				
5	2	21										
5	2	21										
5	2	20	50		利息	104		利息				
5	2	15										
5	2	12							480		利息	
5	1	28										
5	1	26	184,000		□□	350,000		○○自動車				
4	12	28										
4	12	27	184,000		□□							

（単位：円）

残高 2,321,157			残高 298,579			残高 165,787		
○○信用金庫 ○○○支店 普通444444			○○信用金庫 ○○○支店 普通555555			○○信用金庫 ○○○支店 普通666666		
主な用途：農業関連			主な用途：年金受取、医療費等支払			主な用途：出資金		
入金	出金	摘要	入金	出金	摘要	入金	出金	摘要
				63,762	△△○○			
	5,544	購買代金						
3,900		配当金						
			36,935		後期高齢者			
				63,762	△△○○			
				80,000	現金出金			
						80,320		配当金
			153,199		国民年金			
				19,295	△△○○			
	28,033	購買代金						
				80,000	現金出金			
	4,500	購買代金						
			153,900		国民年金			
				250,000	現金出金			
	14,615	購買代金						
				25,413	△△○○			
	176	利息		80,000	現金出金			
				200,000	現金出金			
			53		利息	7		利息
			153,900		国民年金			
			18,944		△△○○			
			25,413		△△○○			
				80,000	現金出金			

2. 「被相続人及び親族の相続開始日の金融資産残高一覧表」の作成

　相続人や親族などの金融資産残高が、その人の収入や保有資産の状況から見て異常に多い場合、被相続人の財産が含まれている可能性があります。そこで、「被相続人及び親族の相続開始日の金融資産残高一覧表」（図3-1-2）を作成します。金融資産の合計額が、過去の収入から支出を差し引いた金額から類推して求めた金額とほぼ同じであれば問題ありません。しかし、例えば、15歳の孫の金融資産の合計が5,000万円を超えているような場合、孫名義の収益物件からの不動産所得があったり、10年間毎年600万円の贈与を受け、贈与税の申告をした事実があったりすればいいのですが、そうではないときはその資産形成の経緯とその金融資産の保有状況及び果実の取得者が問題となります。なお、この一覧表は相続人及びその家族に記入用紙を交付し、それぞれ自らが記入するようにしていただきます。これを清書するのはよいのですが、聞き取りして税理士が自ら作成することは好ましくありません。

　「被相続人及び親族の相続開始日の金融資産残高一覧表」（「預貯金等内訳表」（図3-1-3）を含む）には、金融機関名、その本支店名、普通預金・定期預金等の預金種類、口座番号、残高、名義人、印鑑、口座開設者、形成経緯等を記入します。

3. 「被相続人の過去10年間の概算推定収入・支出残高推移表」の作成

　「被相続人の預貯金入出金確認表」から大きな金額の不明な点がなく、「被相続人及び親族の相続開始日の金融資産残高一覧表」からも検討すべき点がなければ必要ないのですが、これらから不明点が多く出てきた場合には、「被相続人の過去10年間の概算推定収入・支出残高推移表」（図3-1-4）を作成します。ただし、高額所得者や金融資産の金額が多額に上る被相続人の場合には、不明点がなくてもこの推移表を作成しておく必要があるでしょう。

図3-1-2 被相続人及び親族の相続開始日の金融資産残高一覧表 （例）

R○○年○月現在

		○○様 被相続人	○○様 配偶者	○○様 長男	○○様 長男の嫁	○○様 長男の子(孫)	○○様 長女	○○様 長女の夫	○○様 長女の子(孫)
○○銀行 ○○支店	普通	0	9,000	40,000	60,000	1,000	50,000	–	10,000
	定期	0	5,000,000	5,000,000	450,000	4,000,000	–	900,000	–
○○銀行 ○○支店	普通	0	7,000	8,000	0	400,000	–	–	–
	定期	0	7,000,000	3,500,000	3,500,000	4,000,000	–	–	–
○○銀行 ○○支店	普通	0	0	1,100,000	70,000	40,000	800,000	–	–
	定期	0	90,000	10,000,000	4,000,000	2,000,000	–	–	–
○○銀行 ○○支店	普通	20,000	800	0	5,000	50,000	–	–	–
	定期	0	3,000,000	5,000,000	4,000,000	6,000,000	–	–	–
	国債	0	0	2,000,000	0	2,000,000	–	–	–
○○銀行 ○○支店	普通	0	0	60,000	15,000	20,000	–	–	–
	定期	0	4,000,000	8,000,000	3,000,000	5,000,000	–	–	–
○○銀行 ○○支店	普通	1,000,000	500,000	700,000	300,000	350,000	300,000	700,000	5,000
	定期	3,000,000	4,000,000	9,000,000	6,000,000	4,000,000	3,000,000	–	–
	出資	57,000	0	0	0	0	0	–	–
○○銀行 ○○支店	普通	400,000	800,000	1,000,000	0	0	–	300	–
○○銀行 ○○支店	普通	1,000	0	0	0	0	–	–	–
	定期	0	0	2,000,000	0	0	–	–	–
預金合計		4,478,000	24,406,800	47,408,000	21,400,000	27,861,000	4,150,000	1,600,300	15,000
					96,669,000			5,765,300	
○○証券 ○○支店		0	800,000	10,000,000	4,000,000	1,000,000	–	–	–
○○証券 ○○支店		0	0	700,000	8,000,000	0	2,000,000	–	–
証券等合計		0	800,000	10,700,000	12,000,000	1,000,000	2,000,000	0	0
総合計		4,478,000	25,206,800	58,108,000	33,400,000	28,861,000	6,150,000	1,600,300	15,000

図3-1-3 預貯金等内訳表 （例）

預金

No.	金融機関	種類	口座番号	残高 (R5.7.14現在)	開設日	名義人	印影	口座開設者	預金累積の主な原因	用途
1	○○	普通	371626	73,514,662	H26.10.10	○○花子	●	□□和子	不動産収入の入金、給料、賞与	税金経費
2	○○	定期	597761	10,200,028	H27.3.12	○○花子	●	○○花子	被相続人の収益物件による賃料収入の蓄積	財産計上
3	○○	普通	466392	114,877,279	H29.5.22	○○花子	●	□□和子	○○○銀行より(114,867,279円)△△商事より貸付金返済(54,479,925円)	
4	△○△	普通	3967102	586,787	H22.3.29	○○花子	●	○○花子		
5	△○△	定期	1168851	12,086,400	H28.4.4	○○花子	●	○○花子	被相続人の預金が原資	財産計上
6	□□□	普通	1100288	1,168,472	H27.5.25	○○花子	●	○○花子	給料	生活費
7	□□□	貯蓄	1612021	2,518	H16.2.27	○○花子	●	○○花子		生活費
8	○○○	普通	2761642	1,562,826	H6.10.24	○○花子	●	○○花子	地代等の振込	
9	△△	普通	6202181	1,338	H14.1.7	○○花子	●	○○花子	地代等の振込	

投資信託

No.	金融機関	種類	口座番号	残高	開設日	名義人	印影	口座開設者	預金累積の主な原因	用途
10	□△□			10,000,000	H27.3.6					財産計上

○○証券株式等

No.	金融機関	種類	口座番号	残高	開設日	名義人	印影	口座開設者	預金累積の主な原因	用途
11	○○証券		75-1255321	51,359,838	H11.1.28	○○花子	●	○○花子		

図3-1-4 被相続人の過去10年間の概算推定収入・支出残高推移表（例）

		H26年	H27年	H28年	H29年	
収入	不動産所得	9,454,415	-5,182,661	-903,335	1,763,982	
	減価償却	11,194,664	6,546,013	5,771,623	5,546,478	
	公的年金	4,609,828	4,586,632	4,582,000	4,572,664	
	給与	1,800,000	1,800,000			
	雑所得（簡保）	300,000	300,000	300,000	300,000	
	損保○○介護保険					
	○○生命解約					
	総合譲渡（ゴルフ）		310,000	80,000		
	共同住宅売却残金		59,000,000			
	損保○○満期金				3,000,000	
	○○貸付金返済			1,000,000		
	生命保険満期金			10,092,002		
	収用					
	合計	27,358,907	67,359,984	20,922,290	15,183,124	
支出	暦年贈与	1,300,000	15,500,000	10,000,000		
	○○様葬儀立替					
	減価償却資産取得				2,350,000	
	所得税・住民税	2,750,000	0	0	0	
	移転補償経費					
	預かり保証金返金	450,000	1,100,000	500,000		
	医療費	2,500,000	1,978,000	1,564,000	2,066,000	
	戸建て賃貸保険料					
	住宅取得資金贈与					
	（有）○○へ貸付					
	社会保険料	137,828	142,928	46,849	113,964	
	生命保険料	11,250,400		120,140	179,000	
	損害保険料	1,205,459		651,042	491,563	
	使途不明金（家政婦）	2,000,000	4,000,000			
	グループホーム				484,218	
	家政婦への支払い		2,080,000	1,660,000	1,660,000	
	生活費等	5,825,705	5,320,000	2,780,000	3,850,000	
	合計	27,419,392	30,120,928	17,322,031	11,194,745	
	収入－支出（理論値）	-60,485	37,239,056	3,600,259	3,988,379	
	年末時通帳残高	19,403,427	29,096,955	28,863,630	32,155,959	
	前年末との増減	1,128,297	9,693,528	-233,325	3,292,329	
	理論値との差額	1,188,782	-27,545,528	-3,833,584	-696,050	

H25年末残	18,275,130

（単位：円）

	H30年	R1年	R2年	R3年	R4年	R5年1/1～9/15
	373,262	1,588,657	-6,807,761	5,031,693	-3,833,210	-5,296,544
	5,247,604	4,984,973	5,038,371	4,987,226	8,978,760	4,631,619
	4,567,996	4,567,996	4,567,996	4,567,996	4,555,668	3,028,366
	331,670	341,627	351,876	267,752	68,429	
				1,944,060	1,682,230	855,450
					9,960,000	
				24,642,587	21,966,438	
	10,520,532	11,483,253	3,150,482	41,441,314	43,378,315	3,218,891
	7,800,000			9,300,000	15,300,000	9,300,000
						3,000,000
			1,700,000	3,140,600	16,434,485	3,769,200
	120,000	235,200		240,000		
				1,575,000		
	350,000	400,000			250,000	150,000
	1,886,843	2,040,674	2,198,739	1,737,157	1,050,000	480,000
					242,232	
				12,400,000		
			3,000,000			
	87,699	157,899	349,716	217,477	104,889	70,300
	69,200	51,370	51,370	51,370	51,370	56,490
	2,292,514	2,043,247	2,385,287	2,801,939	4,671,021	2,113,102
	1,750,000	3,200,000	1,770,000	3,180,000	800,000	470,000
	14,356,256	8,128,390	11,455,112	34,643,543	38,903,997	19,409,092
	-3,835,724	3,354,863	-8,304,630	6,797,771	4,474,318	-16,190,201
	27,872,15	30,410,192	21,428,819	27,334,165	29,050,962	11,135,452
	-4,283,808	2,538,041	-8,981,373	5,905,346	1,716,797	-17,915,510
	-448,084	-816,822	-676,743	-892,425	-2,757,521	-1,725,309

H28年～R5年の理論値との差額の合計	-11,846,538
H27年分	-2,500,000
被相続人の生活費負担額合計	-14,346,538

収入及び支出は過去の確定申告書、預貯金入出金確認表、その他の資料及び相続人からの聞き取りによって記入します。これによって過去10年分の収支の理論値が分かります。被相続人の10年前の預貯金残高に収支理論値の増加額もしくは減少額を加算又は減算すると、理論値の相続開始日の預貯金残高となります。実際の相続開始日の預貯金残高と確認し、理論値よりも実際の残高の方が大幅に少ない場合には、その原因を究明することが必要です。

被相続人は証券投資が趣味で投資による損失が多額に生じていた場合や宗教活動のために多額の寄付をしていた場合、認知症を発症していて第三者にお金をあげていた場合など、様々な理由で明確な証拠がなく、原因究明ができないこともあります。このような場合には、相続人からの申述を残しておくことになります。

4. 名義預金を被相続人の財産とする法的判断基準

(1) 相続人等名義の預貯金は名義預金か相続人の財産か

相続人等名義の預貯金について、納税者の方から「毎年110万円の範囲で贈与を受けていたので贈与税の申告はしていませんが、私名義のこの預金は私のものです」「主人から預かった生活費は私に任されたもので、私がやりくりして貯めたお金は私のものです」などと主張されることがよくあります。

これらの方が資金を既に費消してしまっていれば費消した時点で贈与が成立しているといえるかもしれません（金銭消費貸借ということもあり得ます）。民法上の贈与が成立し、贈与税の時効（原則6年、偽りその他不正の行為がある場合7年の除斥期間が経過したこと）が成立していれば課税されることはありません。しかし、相続開始時点で現に預貯金として存在していれば、贈与が成立しているのか、贈与が成立していないために被相続人の財産として申告しなければならないのかが問題になります。口座名義は相続人等の親族であっても、民法上の贈与が成立しておらず、その実質が被相続人の財産であるものを名義預金といいます。そこで、次のような手順で確認します。

①保管・管理は誰がしているのか

　被相続人が配偶者や相続人及び孫などに金銭の贈与（贈与税の申告書を税務署に提出している場合を含む）をしている場合でも、預貯金通帳や印鑑を被相続人が保管・管理していた場合には、民法上の贈与が成立していないため名義預金と認定され、被相続人の財産として申告する必要があります。

　ここで重要なのが「金融資産残高一覧表」（預貯金等内訳表含む）の口座開設日、口座開設者、印鑑及び預貯金累積の主な原因・形成経緯です。

　1）口座開設日・口座開設者

　　いつ誰が口座開設をしたのか、税務調査時には開設時の筆跡を確認することもあります。これは、その保管・管理をしている者を客観的に判断するための要素の一つといえます。

　2）印鑑

　　親族名義の預貯金の届出印が被相続人の実印であったという例がありました。そうすると、この預金は被相続人が保管・管理していた可能性が非常に高いということになるでしょう。実印でなくとも、日常、その親族が使用している届出印と異なる印鑑で届けられており、この親族がその印鑑を保管・管理していたと思われない場合には、その親族名義の預貯金は名義預金であると判断される恐れがあります。最近はキャッシュカードのみによる引出しも日常化していますが、印鑑の保管・管理者が誰かが判定の重要な要素の一つです。

　　近年は届出印が不要な印鑑レス口座が普及しています。たとえ印鑑レス口座の開設を名義人が行っていたとしても、預貯金等原資の出捐や口座管理の状況を総合的に判断して名義預金の帰属判定を行うことはこれまでと同様です。

　3）預貯金累積の主な原因・形成経緯

　　相続人の預貯金形成の経緯についても、「○年○月に被相続人から贈与されて資金を預金した」「結婚前の給与・賞与を定額貯金で運用し満期日に預け替えた」などを明らかにしておくことが重要です。

②相続人等のインターネット銀行・証券口座の保管・管理

　最近ではインターネット銀行・証券の普及が進み、取引履歴を紙の通

帳ではなく web 通帳やアプリで確認することが多くなっています。

　相続人等のインターネット口座が被相続人の名義預金と判定されないために、インターネット口座開設時の経緯や日常のログインに利用された端末の所有者、連絡用メールアドレスの所有者は誰かなどについても申告までに確認します。

【インターネット銀行・証券口座の帰属判定のポイント】
- インターネット口座開設時の時期や経緯
- 口座原資の実質的な負担者
- 日常のログインに利用される端末の所有者
- 連絡用メールアドレスの所有者
- パスワードの管理状況

(2) 名義預金に関する預貯金の態様別の対策又は対応について
①名義人に相当期間にわたり相当の所得等がある場合

　名義預金の名義人に、長期間にわたって相当の所得等があり、通常ならば、名義人にその預金の預入れを行うための資金力があると認められるときは、課税庁においても、特別に名義人に対して当該預貯金が名義人の固有財産であるとの立証を求めることはまれであり、名義人の固有財産であると認定する（名義預金と認定されない）場合が多いと思われます。

　しかし、「被相続人の預貯金入出金確認表」の預貯金残高の理論値に比べて、相続開始時点の預貯金残高の合計額が大幅に少なく、相続人等家族の預貯金総額が非常に多い場合には検討が必要となります。この場合には、相続人等の過去の収入・支出からその預貯金残高の理論値（民法上贈与が成立している部分は除く）を導き出し、相続人家族の預貯金総額と比較し、実際の残高のうち理論値を超える部分について、被相続人からの資金の移動がないかどうかの検討が必要となります（図3-1-5）。

　相続人の過去の収入・支出から預貯金残高の理論値を検討する段階で、証券投資による資金増や贈与税の申告をして蓄積している相続人の家族名義の預金（民法上の贈与が成立しているもの）も含めていますので、

図3-1-5 相続人及び親族等の概算推定所得表 （例）

（単位：千円）

		○○様	△△様	○△様	○□様	
収入	●●様遺産	2,000				
	東京自宅売却分（●●社給与分）	37,000				
	●●社給与残	10,000	2,000	1,000		
	出資金返金	5,000	5,000			
	被相続人からの贈与（申告済）	8,700	19,100	19,100	21,000	
	●●（亡母）からの贈与			2,500		
	H9年～R5年の不動産所得	85,624				
	㈲●●からの役員報酬	156,000	7,600			
	合 計	304,324	33,700	22,600	21,000	381,624 A
支出	所得税・住民税（H26年～R5年）	26,570				
	社会保険料等（H26年～R5年）	9,120				
	小規模企業共済（H26年～R5年）	8,970				
	贈与税（H26年～R5年）	540	1,450	1,450	1,450	
	大阪自宅購入自己資金	17,600				
	住宅ローン返済（R3年～）	7,200				
	生活費（H26年～R5年）	18,960				
	㈲●●への貸付金	20,000	500	500	500	
	●●保険料	24,069				
	学資保険			1,781	1,848	
	貯蓄性保険（●●）	1,207				
	貯蓄性保険（▲▲）	1,649	2,844	1,003	960	
	合 計	135,885	4,794	4,734	4,758	150,171 B

妥当性のある概算の預貯金残高 　231,453　C=A−B

○○様家族の預貯金合計 　268,053　D

差額 　36,600　D−C

理論値を超える預貯金残高については名義預金として被相続人の財産として計上しなければならない可能性があります。

②名義人が名義預金を既に贈与されている場合

名義人が、自分名義の預貯金が自己の所有に係るものである旨を主張するための根拠として、被相続人からの生前贈与によって当該預貯金を取得したと抗弁することができれば、その預貯金は課税時期においては、名義人の所有となっていることになります。したがって、課税庁は、これを名義預金と認定することはできません。この場合には、贈与を受けた年分の贈与税の申告をした事実を提示します。既に課税の除斥期間（6年間）を経過していて課税庁がその事実を確認できないときは、贈与税の申告書の控えか贈与税の納付に係る領収書を提示すればよいでしょう。

贈与税の申告をしていない場合で、決定の除斥期間が経過している場合には、贈与税が課税されることはありません。しかし、名義人は、自ら贈与税の申告義務を履行しなかった不適法な行為を基因として、贈与税課税の除斥期間の経過を主張することにより、課税されないという課税上の利益を得ようとするのですから、「クリーンハンズの原則」※の考え方から、民法上の贈与が確定している事実の証明ができない限り、その時点での贈与認定が得られない場合もあると考えられます。

※「クリーンハンズの原則」とは、その名のとおり「清らかな手」の者だけが法や裁判所の救済を受けられる、つまり「自ら不法に関与した者には裁判所の救済を与えない」という原則。

(3) 名義預金であった預金を取得時効により取得したとの主張

被相続人の所有に属する名義預金を名義人が取得時効により取得した場合には、その預貯金は名義人の固有財産となりますので、これを名義預金と認定することはできません。しかし、そもそも取得時効の要件となる預金の占有関係がないことにより名義預金と認定されたものについて、取得時効の原因となる占有の事実が明らかとなるとは考えられません。

(4) 名義預金の口座ごとの認定方法

名義預金の認定は、預貯金口座ごとに行うのが原則です。預貯金口座ごとに、その預金の開設手続の状況、その後の預入れ及び払出しの状況、

その預入金の調達及び払出金の使途の状況、その預貯金通帳・預貯金証書、受益証券、使用印章等の保管状況等を精査して判定することになります。

(5) 贈与成立のための要件等

ここで金融資産について民法上の贈与が成立する要件について整理しておきましょう。次のような点について確認が必要です。

①贈与契約書
②資金の移動
③贈与税申告書（基礎控除の範囲内は不要）
④利息、配当など受贈物件の果実の収受者及びその所得の申告
⑤預貯金口座開設者
⑥預貯金口座の届出印鑑
⑦通帳・印章の管理者
⑧受贈者の財産債務調書への継続的な記載

(6) 過去の贈与が無申告、過少申告であった場合

「被相続人の預貯金入出金確認表」や「被相続人及び親族の相続開始日の金融資産残高一覧表」等で過去の被相続人からの贈与が無申告であることが見つかる場合があります。

この場合、原則として除斥期間である6年前までの贈与について期限後申告※を行います。

※例えばX1年の贈与である場合はX2年3月15日が贈与税の申告期限となり、その6年後であるX8年3月16日に除斥期間は終了します（偽りその他不正の行為がある場合は除斥期間が7年となる）。

また、過去に贈与税の申告はあったが一部財産の漏れがあった場合には、その年分の贈与税の修正申告が必要となります。

なお、相続時精算課税適用者については令和6年以後、年110万円の範囲内の贈与であれば贈与税の申告も相続財産への加算も不要です。

(7) 暦年課税の生前贈与加算

　令和6年分の贈与から、暦年課税による贈与財産を相続財産に加算する期間が3年から7年に延長（延長された4年間に受けた贈与については総額100万円まで相続財産に加算しない）されました。

　令和9年1月1日以後、相続開始の日から加算される期間が3年から徐々に延長され、令和12年12月31日までの贈与については、相続財産への加算期間が相続開始時期により下記のように異なります。

　令和13年1月1日以後から加算期間は7年となります。

図3-1-6 相続前贈与の加算期間の延長に伴う経過措置

出典：自民党税制調査会資料（一部改変）

① 2026（令和8）年7月1日に亡くなった場合
　相続前贈与の加算の対象は、2023（令和5）年7月1日以降に受けた贈与（＝3年間）
② 2028（令和10）年1月1日に亡くなった場合
　相続前贈与の加算の対象は、2024（令和6）年1月1日以降に受けた贈与（＝4年間）
③ 2031（令和13）年7月1日に亡くなった場合
　相続前贈与の加算の対象は、2024（令和6）年7月1日以降に受けた贈与（＝7年間）

　相続開始の時期によって生前贈与加算の期間が3年から7年の範囲で異なるため、相続開始日を意識しながら「被相続人の預貯金入出金確認表」等を作成しチェックします。

(8) 相続税精算課税の相続財産への加算

　相続時精算課税適用者が相続税の税務調査で過去の贈与の申告漏れを指摘された場合、これが課税対象となり修正申告が必要となります。

　過去の申告漏れが令和5年以前の場合はその全額が、令和6年以後の場合は110万円の基礎控除（同一年に贈与を受けた複数の特定贈与者がいる場合は110万円を贈与額であん分した額）を超える部分が課税の対象となり、過去の長期間にわたる贈与が積算されると、思いもよらぬ高額な税負担となることもあります。

　「被相続人の預貯金入出金確認表」や「被相続人及び親族の相続開始日の金融資産残高一覧表」等から相続時精算課税適用者に移動した金銭の有無を、相続時精算課税が選択された年から遡って確認しましょう。

5. 手元現金の帰属判定

　相続直前の預貯金等の引出し額が多額であるのに、相続人から提示された手元現金が少額な場合、申告書の作成の際、手元現金がいくらであるかは注意を要します。

　相続開始直前の被相続人と同居親族の預金口座等からの引出し状況や、手元現金残高の構成内訳を「被相続人の預貯金入出金確認表」等から整理して適切な手元現金残高を申告書に記載します。

　また、被相続人以外の同居親族にも収入がある場合、自宅にある多額の現金のうち被相続人に帰属するものを客観的に判定する必要が出てきます。

　国税不服審判所の裁決では、帰属が不明瞭な手元現金について、被相続人及び配偶者の収入比率等によりあん分計算することは合理的な方法であるとの事例（令和4年2月15日裁決）があります。

　被相続人と配偶者など同居親族の過去の収入資料（過去の確定申告書や源泉徴収票）の収集、手元現金の管理や費消状況を整理し、適正な額を計上します。

不動産の帰属判定

> **ポイント**
>
> 不動産は登記名義人のものであることが原則です。しかし、先代以前の名義のままの場合には、その不動産の現在の所有者を特定しなければ被相続人の財産を確定できません。また、同族法人の貸借対照表に計上されているにもかかわらず個人名義登記物件である場合や、資金の拠出者と登記名義人が異なる場合もあります。

【解説】

1. 不動産は登記名義人のものであることが原則

　不動産は登記名義人のものであることが原則です。

　ただし、先代以前の名義のまま相続登記がなされていない場合や、同族法人の貸借対照表に計上されているにもかかわらず登記が被相続人名義となっている場合、不動産を取得する際に、資金を拠出していない配偶者や子名義で登記されている場合などでは、真の所有者は誰なのかその帰属判定が重要となります。

2. 相続登記がされていない物件

　昭和23年の新民法施行以前は家督相続でしたので、相続登記がなされていなくとも原則として所有者は明確でした。新民法施行後は均分相続となり、遺言書も遺産分割協議書もないときは法定相続分とされています。相続登記がされていない場合、遺言書や遺産分割協議書があると法定相続分とは異なる相続が行われている可能性があります。被相続人の

不動産は固定資産の名寄帳又は納税通知書の課税明細書で確認できますが、相続登記されていない物件が確認できていない可能性があります。

　よほど少額の評価額の場合は別にして、相続登記されていなくても固定資産税は課税されていますので、相続人の代表者として届け出た人に固定資産税の納税通知書が届いています。この納税通知書を基にして登記事項証明書や公図によってその存在を確認し、遺言書又は遺産分割協議書の有無を確認する必要があります。

(1) 遺言書又は遺産分割協議書がない場合

　これらがない場合には、原則として法定相続分を財産として計上することになります。しかし、時間があり可能であれば、先代の相続人全員の協議によって未登記物件の遺産分割協議を行うとよいでしょう。この場合、相続人が既に亡くなっているときは、その相続人も含めて遺産分割協議を行わなければならず、その住所地が遠方であったり各地に分散していたりすることもあります。結局、相続税申告期限までに遺産分割協議が調わなければ、法定相続分によって申告することとなります。

(2) 遺言書や遺産分割協議書はあるが登記がされていない場合

　かつて、遺言書や遺産分割協議書によって効力のある遺産分割が行われており、単に登記が行われていないだけの不動産について、上記（1）のように遺産の再分割を行った場合、相続人間で贈与が行われたとして課税されることになります。ゆえに、まず過去の遺言書や遺産分割協議書の確認・調査をすることが大切です。

　遺言書や遺産分割協議書があって登記されていない被相続人の物件については、相続財産として申告します。

相続登記の申告義務化等

　所有者不明土地等の発生予防と不動産利用の円滑化の両面から、総合的に民事基本法制が見直されました。この一環として、不動産を取得した相続人について令和6年4月1日以降、その取得を知っ

た日から3年以内の相続登記申請が義務付けられ、正当な理由がないのにその申請を怠ったときは、10万円以下の過料が課されます。

【相続人申告登記の流れ】
①所有権の登記名義人の相続が開始した旨を申し出る。
②自らがその相続人である旨を申請義務の履行期間内（3年以内）に登記官に対して申し出る。

上記より登記の申請義務が履行されたものとみなされます。

さらに、相続人が複数存在する場合でも特定の相続人が単独で、自分が相続人であることを示す戸籍謄本を提出することで申告登記が可能となりました。

この他にも、共有物の変更・管理に関する見直しや、住所等変更登記の申請義務化など生活の実態に即した登記実務の改定がなされています。

3. 同族法人の資産として計上されている個人登記不動産

従前からの関与先の場合にはあり得ませんが、紹介によって相続税申告に至った場合には、土地や建物の登記名義人は被相続人であるが、同じ土地・建物が被相続人の同族法人の資産に計上されていることがあります。この場合には次のような経緯の調査をして、真の所有者が誰であるかを明らかにする必要があります。

①土地・建物取得のための資金が実際にどこから出ているのか
②借入金による取得の場合には金銭消費貸借契約の名義人
③登記名義人と所有者が異なることとなった事由・経緯
④使用の実態、家賃・地代、固定資産税の支払い実態

被相続人が銀行から借入れをして取得した土地・建物について、当初

から法人の資産及び債務として計上し、元利金返済を法人の事業収益によって得た資金から支払い、土地・建物は法人の社屋・工場などとして使用し、被相続人に対して家賃の支払いをしたことはなく、土地・建物の固定資産税の納付も法人が過去 20 年にわたって行っていたような場合には、その実態からして、その土地・建物は法人の所有であると判断すべきでしょう。この場合には、土地・建物の登記名義人が被相続人であっても相続財産に計上する必要はないと考えられます。

4. 資金の拠出者と登記名義人が異なる場合

(1) 贈与税の課税関係

　資金の拠出者以外の他人名義により財産が取得された場合は、次項で述べるとおり、登記時点で贈与が行われたものとして贈与税の課税関係が生じます。

　ただし、贈与の事実について外部から認定することは困難を伴うことが多いことから、「名義変更等が行われた後にその取消し等があった場合の贈与税の取扱いについて［直審（資）22（例規）・直資 68（例規）、昭和 39 年 5 月 23 日付］」において、「財産の名義変更又は他人名義による財産の取得が行われた場合においても、それが贈与の意思に基づくものでなく、他のやむを得ない理由に基づいて行われる場合又はこれらの行為が権利者の錯誤に基づいて行われた場合等においては、その例外となる」とされます。

　具体的には下記の要件の下に、最初の贈与税の申告もしくは決定又は更正の日前までに財産の名義を実質的な取得者等の名義としたときに限り、贈与の取消しがあったものと認められます。

　①財産の名義人となった者（未成年者である場合には、その法定代理人を含む）がその名義人となっている事実を知らなかったこと。
　②名義人となった者がその財産を使用収益していない（有価証券の場合には管理運用も含む）こと。

(2) 相続税の課税関係

　他人名義で不動産が取得された場合において、贈与税の課税が行われないまま資金の拠出者に相続が発生したときはどうなるのでしょう。

　登記名義が被相続人以外であっても、贈与の実態に乏しく、実質的に被相続人のものと判断される不動産は、名義預金と同様に相続税の課税対象になると考えられます。

　不動産について税務調査等で申告漏れが指摘された場合の相続税等の負担は相当重くなるため、その帰属判定を慎重に行うことが必要です。

【不動産の帰属判断のポイント】
- 不動産の名義人である配偶者や子など相続人等の収入や資金背景
- 住宅取得等資金贈与や贈与税の配偶者控除など特例適用の有無
- 資金の出捐者や借入金の有無など資金調達の状況
- 名義人による収益の継続的な所得税申告と財産債務調書への記載

5. 不動産の公正証書による贈与の未登記案件

　例えば、被相続人が公正証書で土地や建物の贈与契約書を作成して、公正証書作成時点では贈与登記をしないで「時効が成立する7年以上経過してから贈与登記をする予定だった。既に8年経過しており贈与が成立しているので相続財産ではない」という主張があった場合にはどうすべきでしょう。税務上の取扱いでは土地や建物の場合、登記しなければ第三者に対抗できませんので、原則として贈与時期は登記時点であるということで取り扱われています（相基通1の3・1の4共-8(2)、-11)。

　名古屋高等裁判所で争われた平成10年12月25日の判決では納税者が敗訴し、最高裁判所に上告しました。最高裁判所は平成11年6月24日にその訴えを不受理とし、裁判上も書面によらない贈与であり、贈与時点は移転登記した日であることが確定しました。

　したがって、このような不動産は被相続人の財産として計上しなければなりません。

贈与税決定処分取消請求控訴事件

判決／名古屋高等裁判所（控訴審）

（裁判年月日：平成10年12月25日、事件番号：平成10（行コ）第34号）

　昭和60年3月14日に公正証書で土地と建物を父から子に贈与し、平成5年12月13日に公正証書贈与を原因とする所有権移転登記を行いました。納税者は「公正証書による贈与が昭和60年3月14日に成立しており既に時効が成立している」と主張しました。これに対して名古屋高等裁判所は次の理由で書面によらない贈与であり、贈与の時点は平成5年12月13日であるとしました。

控訴審　H10.12.25　名古屋高裁判決

上告審　H11.6.24　　最高裁判所決定（不受理）

《事案の概要》

1. 昭和60年3月14日付　公正証書贈与　　**父 → 子**

①公正証書を作成しなければならない格別の理由はない
②登記を不可能とする事情がない
③贈与者である父が贈与税を免れる目的で公正証書を作成していると陳述
④登記名義をいつ移すかは、父の意思にかかっており、受贈者が自由に使用・収益・処分し得る地位になかった

公正証書は将来贈与したときに贈与税がかからないようにするためのみに作成されたものであって、父がその記載どおりに不動産を贈与する意思はなかったものと認められる

 書面によらない贈与

2. 平成5年12月13日　所有権移転登記

納税者は、公正証書による贈与が、昭和60年3月14日に成立しており、既に時効が成立していると主張

贈与時点は平成5年12月13日である

非上場株式等の帰属判定

ポイント

同族会社である非上場株式等については、株主名簿や法人税申告書別表2に記載されている内容と真の所有者が異なっている場合があります。被相続人の真の保有株式数を理論的に確認する必要があります。

【解説】

1. 平成2年の商法改正前に設立された株式会社の場合

　平成2年の商法改正後は株主1人で会社を設立できることとなりましたが、改正前の株式会社の設立には7人の発起人が必要で、設立時に発起人による株式の取得が必要でした。出資金払込証明書が必要でしたので、7人の発起人はそれぞれが資金を拠出した建前でしたが、実際には創業者が100%資金を拠出していたという例も多くありました。

　このように他人名義を借用して、株式の引受け、払込みがなされた株式を「名義株」といい、株主名簿上の名義人である株主と、その株式の真の所有者とが異なる場合があります。

　この場合、法人税申告書別表2の「株主等の株式数等の明細」において、創業者の株式数を100%とするのではなく、他の6人の名義株の株式数が除外されていることがあります。税法においては名義ではなく、真の所有者に対して相続税がかかりますので、このような場合には創業者である被相続人が100%保有しているとして、名義株式も被相続人の財産として申告しなければなりません。株主名簿や法人税申告書別表2の記載内容が誤っているのです。

　このような例の場合、できるだけ早く株主名簿と別表2の訂正を行っておきたいものです。

2. 名義株主の立証

　平成2年商法改正前の会社設立から、少なくとも30数年以上経過しており、場合によっては50年以上経過していることもあります。名義株式かどうか分かる資料が残されていればよいのですが、何の証拠書類もないことも多く見受けられます。この場合、株主名簿と法人税申告書別表2の記載内容変更の根拠を明確にしておく必要があります。名義株主から「名義株式であることの確認書」への署名押印を頂き、真実の株主であることについて立証できる万全な準備をしておくとよいでしょう。

図3-3-1　名義株式であることの確認書（例）

　　○○株式会社　御中

　　株主として記載のある私名義の貴社株式は、○○○○氏の依頼により名義を貸したことによるものです。私は会社設立に当たり、金銭の拠出は一切しておりません。名義を貸したに過ぎず、○○○○氏との間に贈与、譲渡があった事実もなく、真の株主は○○○○氏であることを確認する旨、本日確認書を差し入れます。

　○年○月○日

　　　　　　住所 _____

　　　　　　氏名 _____ ㊞

　名義株主が健在なら本人が記憶している可能性もありますが、名義株主が既に死亡している場合には、その相続人全員の署名押印が必要になることもあります。この場合、何の証拠書類もなく、相続人は何も聞かされていないこともあります。このようなケースにおいては、事実を客観的に証明できるよう、配当の受領書や株主としての権利行使状況、過去の経緯を知っている人の経緯文書の作成など、事実を立証できることが大切です。

3. 贈与や増資、譲渡についても調査する

　かつては相続税対策といって、自分が持っている非上場株式等の名義を多くの人に書き換える方や、増資に当たって自分自身が拠出したにもかかわらず、増資者の名義を家族にする方などがいました。

　これらの場合は、贈与契約を締結し贈与税を払っているわけでもなく、その後の議決権行使などを認めたわけでもありません。株式の名義人がこの事実を全く知らないことも見受けられます。

　このような場合に、株主名簿や法人税申告書別表2の「株主等の株式数等の明細」には、その名義人を記載しておき、相続が発生した場合に、これらは7年以上前の贈与であるとして、課税当局に贈与の時効を主張されるケースがよくあります。

　譲渡や贈与による移転の場合は、契約書や議事録などの法形式が整えられていることに加え、譲渡代金やその後の配当が実際に授受されていることなどの確認も必要です。

　相続税はあくまでも実質所有者に課税するものであるとして、名義人が管理も権利も行使していない場合は、形だけの配当や申告があったとしても、国税不服審判所においても裁判所においても、被相続人の財産であるとして相続税の課税対象となっています。

　被相続人が非上場会社の役員等である場合は、株式の名義人であるかどうかを問わず、株式の真の所有者は誰であるかをしっかり検討・確認しておくことが非常に重要です。

4. 非上場株式等の移転成立のための要件等

　非上場株式等について、譲渡や民法上の贈与が成立していることを証明するために、下記の点について確認が必要です。

　①贈与契約書、譲渡契約書

　②譲渡代金の移動

　③譲渡所得税申告書、贈与税申告書の提出

　④配当の収受及び継続した所得税の申告

　⑤株主総会等における議決権行使の事実

　⑥譲渡制限会社※における譲渡承認の事実（定款や登記事項証明書、
　　株主総会議事録、取締役会議事録等で確認）

　⑦株主名簿の整備

　⑧法人税申告書別表2「株主等の株式数等の明細」の整理

　⑨財産債務調書へ対象株式を継続的に記載

※株式について、その譲渡（贈与）に会社の承認を必要とする、制限された株式を発行する会社をいいます。譲渡制限会社では譲渡の承認をするか否かの決定をするには、株主総会（取締役会設置会社にあっては、取締役会）の決議によらなければならないこととされています。
　会社の定款で株式譲渡についての承認機関を確認することができます。

【定款の記載例】

（株式の譲渡制限）

第○○条　当会社の発行する株式の譲渡による取得については、
株主総会（取締役会）の承認を受けなければならない。

図3-3-2 **贈与契約書**（例）

贈与契約書

　贈与者 甲野一郎 は、受贈者 甲野太郎 に、下記の財産を贈与し、受贈者 甲野太郎は これを受諾した。

（贈与財産の表示）
　　銘柄　　株式会社 ABC 製作所
　　株数　　普通株式　150 株

　以上の契約を証するため、本契約書を 1 通作成し、署名押印の上、後日のため保有する。

　　令和○年○月○日
　　　　　　　　贈与者
　　　　　　　　（住所）　東京都新宿区神楽坂○丁目△番×号
　　　　　　　　（氏名）　　　甲野　一郎　　　印
　　　　　　　　受贈者
　　　　　　　　（住所）　東京都新宿区神楽坂○丁目△番×号
　　　　　　　　（氏名）　　　甲野　太郎　　　印

図3-3-3 株式譲渡契約書（例）

株式譲渡契約書

　譲渡人 甲野一郎 （以下「甲」という） は、譲受人 甲野太郎（以下「乙」という） に、下記の株式を譲渡することに合意したため、株式譲渡契約を締結する。

（財産の表示）
　　銘柄　株式会社 ABC 製作所
　　株数　普通株式　150 株

譲渡代金 1,500 万円（1 株当たり 10 万円）

　以上の契約を証するため、本契約書を 1 通作成し、署名押印の上、後日のため保有する。

　令和○年○月○日
　　　　　　　甲
　　　　　　　（住所）　東京都新宿区神楽坂○丁目△番×号
　　　　　　　（氏名）　　　甲野　一郎　　　印
　　　　　　　乙
　　　　　　　（住所）　東京都新宿区神楽坂○丁目△番×号
　　　　　　　（氏名）　　　甲野　太郎　　　印

図3-3-4 株式譲渡承認請求書（例）

株式譲渡承認請求書

　私　甲野一郎 は、下記株式を譲渡するに当たり、貴社取締役会において、その譲渡を承認していただきたく、ここに請求致します。

　　譲渡する株式数　　普通株式　150株

　　譲渡の相手　　　　住所　　東京都新宿区神楽坂〇丁目△番×号

　　　　　　　　　　　氏名　　甲野　太郎

　　　　　　　　　　　株数　　150株

　　令和〇年〇月〇日

　　譲渡承認請求者　　住所　　東京都新宿区神楽坂〇丁目△番×号

　　　　　　　　　　　氏名　　甲野　一郎　　　印

　東京都新宿区揚場町〇丁目△番×号

　株式会社　ABC製作所　御中

図3-3-5 株式譲渡承認通知書 （例）

令和○年○月○日

甲野一郎　殿

株式会社　ＡＢＣ製作所

代表取締役　山田　春雄

株式譲渡承認通知書

　令和○年○月○日付の貴殿からの下記譲受人に対する株式譲渡の承認請求を受けましたが、令和○年○月○日付当社取締役会において承認されましたので、ここに通知致します。

記

（譲受人）　　住　所　　東京都新宿区神楽坂○丁目△番×号

　　　　　　　氏　名　　甲野　太郎

　　　　　　　普通株式　　150 株

図3-3-6　取締役会議事録（例）

取締役会議事録

1. 日　　時：令和○年○月○日　午後1時00分から2時00分
2. 場　　所：当会社本店会議室
3. 議　　長：代表取締役　　　　山田　春雄
4. 出席役員：取締役　　　　　　山田　春雄
　　　　　　　取締役　　　　　　山田　秋夫
5. 議事の経過の要領及び結果：

議長は、開会を宣し、本取締役会の付議議案の決議に必要な定足数を充足した旨を告げた後、議事に入った。

なお、取締役である甲野一郎は、今回の議案に関して特別の利害関係があるため、取締役会決議に参加しなかった。

議案　株式の譲渡承認の件

議長は、甲野一郎より当社の普通株式150株を株式譲渡請求書の通り譲渡したい旨の申し出があったことを述べて定款の規定により本取締役会においてその承認を行う必要があることを説明し、その承認を議場に諮ったところ、全員一致でこれを承認可決した。

記

1. 譲渡人　　住所　東京都新宿区神楽坂○丁目△番×号
　　　　　　　氏名　甲野　一郎
　　譲受人　　住所　東京都新宿区神楽坂○丁目△番×号
　　　　　　　氏名　甲野　太郎
　　株式数　　150株
　　金額　　　1,500万円
　　譲渡日　　令和○年○月○日

以上をもって本日の議事が終了したので、議長は閉会を宣した。

上記決議を明確にするため、本議事録を作成し、議長及び出席取締役が次に記名押印する。

令和○年○月○日
株式会社ABC製作所　取締役会
議長・議事録作成者
　代表取締役　山田　春雄　　　　印
　取締役　　　山田　秋夫　　　　印

図3-3-7 **株主名簿**（例）

株式会社 ABC 製作所　株主名簿

氏名・名称	住所	取得日	株数	株式の種類	株券番号
山田　春雄	横浜市中区 ○丁目△番×号	平成○年 ○月○日	100株	普通株式	株券 不発行
山田　秋夫	さいたま市浦和区 ○丁目△番×号	平成○年 ○月○日	50株	普通株式	株券 不発行
甲野　太郎	新宿区神楽坂 ○丁目△番×号	令和○年 ○月○日	150株	普通株式	株券 不発行
		以下余白			

株主名簿の原本に相違ありません。

令和○年○月○日

株式会社 ABC 製作所

　代表取締役　山田　春雄　　　　印

第4章

. . . .

相続税の書面添付

所得税・法人税の書面添付と相続税の書面添付との違い

ポイント

所得税・法人税の書面添付は、税理士が行う巡回監査を前提として、関与先において適時・正確に記載された会計帳簿及び証憑書類に基づいて実施されます。一方、相続税の書面添付は、主に相続発生後に行う証拠書類の収集・分析・聞き取りによる事実確認と税務判断に基づいて実施します。それまで関与の無かった一見客の割合も高く、さらに相続人はこれまで税金や税理士とは無縁だった高齢者も多いことから、分かりやすい説明を心掛けるとともに、説明したことの証拠となる確認書の交付など、申告期限までの限られた時間で効率的・効果的に資料収集を行う必要があります。相続税申告のための情報収集は相続人へのヒアリングを中心に進めていくことから、書面添付においても「いつ」「誰に」「何を聞き」「どのような回答があったか」を記載することが大変重要です。

【解説】

1. 所得税・法人税の書面添付

　関与先において作成される会計帳簿は、日々の取引の都度発生する納品書、受領書、請求書、領収書等、整理・保管された証憑書類に基づいて、適時・正確・明瞭に作成されます。そうした会計帳簿は、商法、会社法によりその証拠力が法廷において認められます。われわれ税理士は、月次巡回監査で税法及び他の法令に照らして会計帳簿の適時性、正確性等を指導・確認し、所得税・法人税等の確定申告書を作成し、税理士法第33条の2の書面添付を実施しています。

　その上で、書面添付の法的責任の範囲を明確にするために、関与先との間で「完全性宣言書」「書類範囲証明書」「業務の委任に関する基本約定書」等を取り交わしします。

2. 相続税の書面添付

　相続税申告書作成においても、被相続人が日々詳細な日記帳及び家計簿を作成し、その根拠となる納品書、受領書、請求書、通帳、有価証券の取引残高報告書その他の書類を整理・保管している場合には、相当の法廷証拠力を持つものと考えられます。

　しかし、実際の相続税申告書作成に当たっては、このように日記帳や家計簿を作成し、その根拠書類を整理・保管されているような例はほとんど見受けられません。すなわち日記帳や家計簿のような日々の記録がなく、その証憑書類が保管されていないことが通例である相続税申告の書面添付においては、本書の第1章から第3章までの理念・考え方に沿って、資料収集、手続き、調査、聞き取り、分析、判断、意思確認等を実施し、それらの記録を文書として残すことが重要な意味を持ちます。相続税の申告書作成においては、様々な取引を行った主体である被相続人はこの世におらず、過去に行われた取引の実態を各種資料やヒアリング内容から推定しなければならない場面も多く存在します（例えばある支出が贈与だったか、貸付けであったか、など）。そのような判断に関して、収集した資料や取引事実、判断のプロセスと結果等を添付書面に記載することは非常に有用です。

　相続税申告書への書面添付では、税理士の法的責任の範囲を明確にするために、「相続税申告業務の委任に関する約定書」を申告業務受任時に取り交わし、相続税申告書押印時に「完全性宣言書」を相続人全員と締結します。さらに各種特例の選択や注意事項等を個別具体的に文書化した各種依頼書・確認書・説明文書及び「訪問記録簿」等を作成します。

相続税申告に書面添付を実施する効果

ポイント

書面添付を実施した相続税申告は、税務調査が行われる可能性が減少します。書面添付を実施している場合には、調査対象に選定するかどうかを判断するために、調査の前に税理士への意見聴取が行われ、そこで実地調査に移行しない可能性もあります。実地調査に移行した場合でも、添付書面の記載事項や意見聴取により情報収集が進んでおり、添付書面の記載事項以外の不明点の確認を中心とした調査となり、調査期間が大幅に短縮されるといわれています。

【解説】

1. 書面添付実施の相続税の調査率は低い

　図4-2-1のとおり、統計によると、相続税の税務調査割合は例年約10%（コロナ禍にあった令和2年は3.9%）であり、実地調査を伴わない電話・来署による「簡易な接触」を含めると約15%の確率で税務署から何らかの問い合わせが行われていることになります。これに対し、書面添付を実施した場合の調査移行割合は約3〜4%となっており、書面添付を実施しない場合と比べて大幅に調査の割合が下がっています。財産総額、財産構成、金融資産の割合、過去の贈与等の実施状況等によって税務調査の可能性が異なることは当然ですが、一般的に書面添付によって税務調査の確率が下がる傾向にあることは明確だといえます。

　ただし、意見聴取が行われた場合の調査省略割合（実地調査に移行しない割合）は約30%となっており、法人税の約50%と比較して低いといえます。この原因は明らかではありませんが、意見聴取からの調査省略

図4-2-1 相続税の税務調査と書面添付の関係

①	申告件数	H28	115,591	⑦	書面添付割合 (⑥/①)	H28	18.2%
		H29	122,341			H29	20.1%
		H30	128,166			H30	21.5%
		R1	127,223			R1	22.2%
		R2	131,724			R2	23.1%
②	調査件数	H28	12,116	⑧	意見聴取割合 (⑥のうち、 意見聴取が 行われた割合)	H28	5.9%
		H29	12,576			H29	5.5%
		H30	12,463			H30	4.2%
		R1	10,635			R1	3.0%
		R2	5,106			R2	3.9%
③	調査割合 (②/①)	H28	10.5%	⑨	調査省略割合	H28	31.3%
		H29	10.3%			H29	27.6%
		H30	9.7%			H30	24.3%
		R1	8.4%			R1	29.5%
		R2	3.9%			R2	32.3%
④	簡易な接触 及び調査件数	H28	21,111	⑩	書面添付中 調査移行割合 (⑧×(1-⑨))	H28	4.1%
		H29	23,774			H29	4.0%
		H30	22,795			H30	3.2%
		R1	19,267			R1	2.1%
		R2	18,740			R2	2.6%
⑤	簡易な接触 及び調査割合 (④/①)	H28	18.3%	⑪	書面添付を行った 場合の調査移行の 減少割合 ((⑦-⑩)/⑦)	H28	77.5%
		H29	19.4%			H29	80.1%
		H30	17.8%			H30	85.1%
		R1	15.1%			R1	90.5%
		R2	14.2%			R2	88.7%
⑥	書面添付件数	H28	21,040				
		H29	24,639				
		H30	27,540				
		R1	28,203				
		R2	30,414				

TKC全国会資料及び国税庁統計資料より作成

割合を増やすことでより調査移行割合を減少させることができることから、記載内容の充実等を図っていくべきだと考えます。

2. 納税者にとっての安心は実地調査がないこと

　相続税申告の約10％（簡易な接触も合わせれば約15％）が税務調査の対象となっている現状ですが、納税者の多くは税務調査に不安を感じ、できれば税務調査を受けたくないと考えています。一方で、法の許す限りの税額軽減策を検討し、可能な範囲で実施したいとも考えています。そうした納税者のニーズに応えつつ、われわれの責任の範囲を明確にするためにも、「相続税申告業務の委任に関する約定書」を申告業務受任時に取り交わし、相続税申告書押印時に「完全性宣言書」を相続人全員と締結しましょう。また、書面添付の意義や重要性、実地調査率が低くなっているという実績等を納税者に知っていただく必要があります。

　税務調査は、通常は1月1日から12月31日までの1年間に提出された相続税申告書について、翌年7月から3年間の調査事務年度において調査される傾向があります。相続税申告の総件数や財産総額の多い年と少ない年などの関係や、財産総額の多い国税局調査部門事案で事前調査に時間がかかる場合などは、コロナ禍において調査が控えられていたため、調査時期が翌々年の7月から3年間の期間までずれることもあります。

　税理士への意見聴取のみで調査に移行しないことが決定したときや、調査対象期間が経過したような場合には、余程のことがない限り調査は行われないでしょう。納税者にそのことを伝えると非常に喜ばれます。被相続人の財産を隠しているわけでも、家族に財産を違法に移しているわけでもなければ怖がることはないのですが、それでも税務調査に対して不安を感じる方が多いのが相続税申告です。このような納税者心理に十分留意して対応することが重要です。

3. 相続税の意見聴取への対応

　税理士への意見聴取では、被相続人の生前の経歴から始まって、実地調査で質問する内容を一から順次聞かれる場合と、提出書類及び添付書面を精査した上で不明点や疑問点だけを確認される場合があります。本来の書面添付の趣旨からすれば後者でなければならないはずですが、税務署の調査部門における意見聴取では前者のパターンも見受けられます。

　意見聴取で聞かれる不明点は、税理士が聞いていても記述しなかった事項か納税者から聞いていない事項です。筆者も相続税の書面添付の経験が少なく不慣れなころには、納税者に聞いていたのに添付書面に書いていなかった事項がたくさんありました。どこまで書かなければならないのか、どのようなことが重要事項なのかが分からなかったことが原因です。この点はある程度経験を積まなければ判断できない面もあります。

　納税者から聞いていて書かなかった事項は、意見聴取で説明すれば解決することがほとんどです。納税者から聞いていない不明点があった場合には、後日納税者に確認して回答することになります。結果的に修正申告が必要になることもあります。

　修正申告が必要な内容について、納税者自身がその事実・内容を知らなかった場合には延滞税だけで済みますが、被相続人の財産として申告しなければならないことを知っていて隠していた場合には加算税が課される場合があります。その際には、税理士がその事項についての確認をしたかどうかが問われます。確認していて納税者がその事実を知らないまま申告していれば、納税者は延滞税を負担しなければなりません。意見聴取段階の修正申告であれば、調査移行前なので加算税の対象にはなりません。税理士が確認しており、納税者が事実を知っているにもかかわらず知らせていない場合には、「完全性宣言書」違反であり、税理士は法的に防衛されることになります。もちろん納税者に対しては、加算税が課されます。また、税理士が確認していなかった場合には、税理士法第45条第2項の相当注意義務が履行されていないことが問題となります。確認した事実を各種確認書・依頼書及び「訪問記録簿」等の書類に残して、後日検証できるようにしておくことが重要です。

4. 書面添付・意見聴取で実力アップ

　相続税の申告書の精度を上げるためには、研修や自己学習はもちろんですが、やはり多くの相続に携わることに勝るものはありません。しかし、年間 10 件以上の相続税申告を毎年続けている事務所はそれほど多くなく、コンスタントに経験を重ねることが難しいことも確かです。しかし、たとえ少ない相続税申告件数であっても、本書で学んだ理念・考え方に沿って、資料収集、手続き、調査、聞き取り、分析、判断、意思確認を実施し、その過程を文書で記録化した書面添付を実施すると、それだけで業務のレベルは向上します。税理士が自分自身で添付書面を作成する場合には、それらの内容を書き出すことで業務内容の再確認になり、時には確認していない事項に気付くこともあります。職員が添付書面の原案を作成する場合には、申告業務の全体像を把握するのに役立ったり、個別の判断過程を書き出すことにより思考が整理されたりします。職員の作った申告書の原案を税理士が確認する場合にも、記載内容が充実した添付書面の原案があれば、作成過程や確認した事項が明確になりチェックが効率化できます。

　後日意見聴取が行われた場合には、質問された不明点が添付書面に書くべき事項であったことが分かり、添付書面の記載内容についての理解が深まります。

　これらの作業の繰り返しが相続税申告書の精度の向上につながります。相続業務のレベルが高いといわれる会計事務所も、このようにしてレベルアップしてきています。質の高い申告書と添付書面を作成することで納税者に適正に申告することの意味と重要性を理解していただくとともに、さらに事務所の業務レベルもアップする…。申告書作成の過程をしっかりと文書化した書面添付には、重要な意義があるのです。

書面添付を担保する書類

ポイント

相続税申告業務において、お客さまである納税者は税金についてよく分かっていないことが多く、税理士に仕事を依頼することも初めて、ということも珍しくありません。後日「聞いていた内容と違う」「説明を受けていない」などとトラブルにならないように、説明書類はきちんと交付し、納税者から受領のサインも受け取っておくことが重要です。具体的には、「相続税申告業務の委任に関する約定書」を申告業務受任時に取り交わし、相続税申告書署名時に「完全性宣言書」を相続人全員と締結します。その他、個別事情や特例の適用等についても、その都度、依頼書・確認書・報告書及び「訪問記録簿」等を作成し、署名してもらうことが重要です。

【解説】

1. 巡回監査報告書に相当する「訪問記録簿」

　相互の信頼関係醸成と責任範囲の明確化による会計事務所の法的防衛のために「訪問記録簿」（第1章第1節参照）を作成し、それぞれの段階で必要な確認書に依頼者の署名をもらうことが必要です。「訪問記録簿」は面談し、報告・説明をした個々の相続人に署名をしてもらうものですが、重要な報告・確認については、報告書・説明書に相続人全員の署名押印をその都度もらうことが望ましいでしょう。

2. 受任から申告までに必要な依頼書・確認書・報告書

(1)「相続税申告までの手続きのご確認」

「相続税申告までの手続き（申告スケジュール）のご確認」（第1章第3節参照）によって、相続人に申告終了時までの全体像とタイムスケジュールを分かりやすく説明します。説明した事実を「訪問記録簿」に記載し、署名してもらい、その控えを渡します。

(2)「相続人様へのお願い」

「相続人様へのお願い」（第1章第3節参照）の各項目を一つひとつ読み上げながらチェックし確認します。この確認がしっかりできていないと意見聴取（本章第2節参照）の際に不明点の確認をしたかどうかの証明ができなくなります。「相続人様へのお願い」の項目にない事項については、「訪問記録簿」に詳細に記載し、確認した事実を明確にしておきます。

(3)「名義財産等に関する確認書」

「被相続人の預貯金入出金確認表」（第3章第1節参照）において、被相続人名義の預貯金から不定期に多額の出金が確認され、その行方や使途が不明確な場合には、相続人や同居親族・孫などにその使途や行方について確認する必要があります。確認しても分からないときには、そのことを書面にし「名義財産等に関する確認書」（図4-3-1）へ相続人に署名をしてもらいます。

また、多額の入出金や相続人への贈与、高額資産の購入、多額の生活費の費消等の事実は、添付書面にも詳細に記載します。

(4)「小規模宅地等の特例の適用確認書」

小規模宅地等の特例について、適用要件を満たす土地等（土地、借地権だけでなく、配偶者居住権に基づく敷地利用権にも適用が可能です）が複数ある場合には、誰がどの土地等で適用を受けるかを相続人に選択してもらう必要があります。税理士はどの土地等で特例を受けるのが税務上有利なのかを示すシミュレーションは提供できますが、選択するの

図4-3-1 名義財産等に関する確認書（例）

名義財産等に関する確認書

税理士法人○○○○
○○○○様

　このたびの被相続人○○○○の相続税の申告に際し、「相続財産を確定しなければならず、これは被相続人名義の財産だけでなく、名義は被相続人ではなくとも、実質は被相続人の財産として考えるものについては「名義借財産」として相続財産となる。」との説明を受けました。さらに、「最初からその名義を借用して作った、あるいは単に被相続人から親族に名義を変えた、その後においても保管・管理・運用は被相続人が行っていた「名義預金」等については贈与は成立しておらず、その財産の実質的な所有者は被相続人であるということになり、相続税の課税対象財産となる。」との説明も受けました。

　私たちは、別紙添付の金融財産については被相続人○○○○の財産を原資としたものであり、名義人が保管・管理・運用していなかった財産であると判断致します。よって、これらの金融財産については被相続人○○○○の相続財産であるとして相続税の申告書の作成を依頼します。

　　令和　　年　　月　　日

　　住　所 ....

　　氏　名 ....

　　住　所 ....

　　氏　名 ....

資料提供：税理士法人トータルマネジメントブレーン

図4-3-2　相続税申告に関する報告書（例）

令和○○年○○月○○日

故○○○○様
相続人の皆様

○○市○○区○-○-○○
　　　○○会計事務所
ＴＥＬ○○-○○○-○○○○
ＦＡＸ○○-○○○-○○○○
　　　　税理士　○○○○

相続税申告に関する報告書

　この度は、ご遺族の皆様におかれましては、さぞお力を落とされていることかと存じます。あらためて故○○○○様のご冥福をお祈りいたします。

　これから相続税の申告書を作成していくに当たりまして、様々な資料の収集や内容の確認など、皆様に多大なご協力をいただかなければなりませんが、どうぞよろしくお願いいたします。

　さて、今回は、以下の事項についてご説明させていただきます。

1.　名義預金について

　相続財産として計上される財産については、被相続人名義の財産以外にも名義は被相続人ではないが、実質は被相続人の財産として考えられるものについても、相続財産として相続税が課税されることとなります。

　よく、「何年も前に名義を変えたので、その時点で贈与が行われており、被相続人の財産ではないのではないか？」という話を聞きます。確かに「贈与」が行われていれば相続財産からは外され、相続税の課税対象財産とはなりません。

　しかし、単なる名義を変えただけのいわゆる「名義預金等」については「贈与」は成立しておらず、依然としてその財産の実質的な所有者は被相続人であるということとなり、相続税の課税対象財産となります。

　では、「贈与」と「名義預金等」との違いは何なのかということになります。

(1)　「贈与」とは

　贈与は、当事者の一方が自己の財産を相手方に与える意思表示をし、相手方がこれを受諾することによって成立する契約です。つまり、贈与者が「あげましょう」という意思表示を行い、受贈者が「受け取ります」という受諾の意思表示をすれば、贈与契約は成立します。

　また、贈与は口頭による意思表示でも成立しますが、後々の事実関係の確認などのためにも、贈与者、受贈者の両者の署名、押印による「贈与契約書」を作成しておく方が望ましいといえます。

(2)　贈与と名義預金の違い

　贈与は上記（1）の要件を満たしたものですので、逆に満たさないものは、法律上贈与ではありません。そこでご注意いただきたいのが「名義預金」等の取り扱いです。

　「名義預金」とは、その通帳等の名義人は、お子様など別の方の名前ですが、その資金は、名義人以外の方のものである預金のことをいいます。一般的には、親御様が、お子様やお孫様のお名前で、預金や株式などの財産を保有されているケースが多くあります。しかし、その名義人の方の収入状況などから判断して、不相当な金額の財産を保有されているということになれば、「名義預金」等として、名義人でなく、その資金は真の所有者の財産と判断されます。

　「名義預金」等は、実際に資金を動かす時には、税務当局から指摘があることは少なく、相続税の税務調査の時に、ご家族名義の預金等まで調べ上げて、その中で「名義預金」等として判断されるものについては、被相続人の財産として、財産に追加され、相続税の追加（加算税、延滞税等も合わせて）納税を求められるということになります。

　このように後々の税務調査になって、精神的な負担と不用意に課税問題が生じないように、ご家族間での贈与をする場合には、名義預金等と判断されないように特に配慮しておく必要があります。

　（以下　略）

資料提供：税理士法人ＦＰ総合研究所

はあくまでも相続人です。状況によってはあえて相続税負担が多くなる土地等を選択する場合もあります。

　小規模宅地等の特例の適用を受けることができる土地等を相続した相続人は、その土地の評価額が減額されることで相続税負担が少なくなり、他の相続人と比較して有利になります。そういった点も説明し（図4-3-3、4-3-4）、全相続人に理解を得た上で遺産分割協議書を作成する必要があります。

　この手順を踏まずに、遺産分割協議書を作成した後で小規模宅地等の特例の説明をすると、議論が根本から覆され、遺産分割協議のやり直しということにもなりかねません。相続人からの信頼が損なわれてしまうことも考えられます。

　小規模宅地等の特例の適用を受ける土地等が決まった場合には、「小規模宅地等の特例の適用確認書」（図4-3-5）に相続人全員の署名をもらいます。なお、相続人全員の同意がなければ、小規模宅地等の特例の適用を受けることができません。

(5)「財産目録」(「相続財産等の確認書」等)

　おおよその資料収集が完了した時点で、概算相続税額と遺産分割協議の準備に入るために暫定版の「財産目録」（図4-3-6）を相続人に渡します。その時点ではあくまでドラフトもしくは見本として渡しているのですから、署名は不要です。相続税申告書及び「完全性宣言書」への署名時に、財産及び債務等の詳細について確認したことについて、財産目録の「相続財産等の確認書」に署名してもらいます。

　また、相続税額の確認には、「相続税申告検討資料」（図4-3-7）が便利です。遺産分割案を複数作成し、プランとして提示するとよいでしょう。また、相続税申告書作成システム（TPS8000／ASP8000）では二次相続の税額も含めてシミュレーションすることができます（図4-3-8）。遺産分割協議の参考資料として大変重要な資料です。

(6)「相続税の計算調整に関する確認書」

　各人の相続税の計算は、相続税の総額にあん分割合を乗じて計算しま

すが、このあん分割合が小数点以下第2位未満の端数があるときは、財産を取得した相続人全員が選択した方法により、各人の割合の合計が1になるようにその端数を調整して各人の相続税額を計算することができます。その選択によって各人の相続税額が異なりますので、その説明をした上で選択してもらう必要があります。

また、未成年者控除額や障害者控除額に控除不足額がある場合には、これらの扶養義務者の相続税額から控除できます。これらの控除額は、扶養義務者全員が協議して各人ごとの控除額を決めることができます。扶養義務者とは同居親族をいうのではなく、直系血族・配偶者・兄弟姉妹となっていますのでご注意ください。

これらについて、相続人全員が説明を受けて理解したこと及び選択したことについて「相続税の計算調整に関する確認書」（図4-3-9）に署名押印してもらいます。

(7)「納税猶予の特例の適用確認書」

相続税の納税猶予制度には、農地、山林、非上場株式等があります。これらの制度は、適用要件、計算方法、継続要件・打ち切り要件が複雑です。口頭の説明だけでは説明不足が生じてしまったり、相続人の記憶に残らなかったり（又は勘違いをされたり）する恐れがあることから、各種「納税猶予の特例の説明書」を相続税申告書作成システム（TPS8000/ASP8000）から出力して説明し、相続人にお渡ししておきましょう。

納税猶予を受ける相続人自身の税負担が抑えられたとしても、農地を除き納税猶予適用財産の価額がその他の相続人の相続税額に影響します。また、納税猶予適用財産の評価に修正があった場合にも、他の相続人の相続税が変動します。そのため、納税猶予の適用を受ける相続人だけでなくその他の相続人にも説明書を交付し、さらに「納税猶予の特例の適用確認書」にも署名してもらうようにするとよいでしょう。

図4-3-3 小規模宅地等の特例の説明書

小規模宅地等の特例の説明書

依頼人：　　　　　　　　様

■小規模宅地等の特例

1．特例のあらまし

　個人が、相続や遺贈によって取得した財産のうち、その相続開始の直前において被相続人又は被相続人と生計を一にしていた被相続人の親族（以下「被相続人等」といいます。）の事業の用又は居住の用に供されていた宅地等（土地又は土地の上に存する権利をいいます。以下同じです。）のうち一定のものがある場合には、その宅地等のうち一定の面積までの部分（以下「小規模宅地等」といいます。）については、相続税の課税価格に算入すべき価額の計算上、次の表に掲げる区分ごとにそれぞれに掲げる割合を減額します。

　なお、相続時精算課税に係る贈与によって取得した宅地等及び「個人の事業用資産についての贈与税の納税猶予及び免除」の適用を受けた特例事業受贈者に係る贈与者又は「個人の事業用資産についての相続税の納税猶予及び免除」の適用を受ける特例事業相続人等に係る被相続人から相続又は遺贈により取得した特定事業用宅地等については、この特例の適用を受けることはできません。

　また、被相続人から相続、遺贈や相続時精算課税に係る贈与により財産を取得したいずれかの人が、その被相続人から相続時精算課税に係る贈与により取得した一定の株式又は出資について平成21年改正前の租税特別措置法第70条の3の3第1項又は第70条の3の4第1項の規定の適用を受けていた場合には、この特例の適用を受けることはできません。

相続開始の直前における宅地等の利用区分			要　件	限度面積	減額される割合
被相続人等の事業の用に供されていた宅地等	貸付事業以外の事業用の宅地等	①	特定事業用宅地等に該当する宅地等	400㎡	80%
	貸付事業用の宅地等	②	一定の法人に貸し付けられ、その法人の事業（貸付事業を除きます。）用の宅地等　特定同族会社事業用宅地等に該当する宅地等	400㎡	80%
		③	貸付事業用宅地等に該当する宅地等	200㎡	50%
		④	一定の法人に貸し付けられ、その法人の貸付事業用の宅地等　貸付事業用宅地等に該当する宅地等	200㎡	50%
		⑤	被相続人等の貸付事業用の宅地等　貸付事業用宅地等に該当する宅地等	200㎡	50%
被相続人等の居住の用に供されていた宅地等		⑥	特定居住用宅地等に該当する宅地等	330㎡	80%

（注）1　「宅地等のうち一定のもの」とは、建物又は構築物の敷地の用に供されている宅地等（農地及び採草放牧地は除きます。）をいい、棚卸資産及びこれに準ずる資産を除きます。

　　　2　「限度面積」については、特例を適用する宅地等が、次の(1)又は(2)のいずれに該当するかに応じ、それぞれの算式を満たす面積がそれぞれの限度面積となります。

(1)　特例を適用する宅地等が特定居住用宅地等（⑥）及び特定事業用等宅地等（①又は②）である場合（特例を適用する宅地等のうちに、貸付事業用宅地等（③、④又は⑤）がない場合）

$$A \leqq 400㎡　・　B \leqq 330㎡　（合計730㎡まで適用可能）$$

(2)　特例を適用する宅地等が貸付事業用宅地等（③、④又は⑤）及びそれ以外の宅地等（①、②又は⑥）である場合（特例を適用する宅地等のうちに、貸付事業用宅地等（③、④又は⑤）がある場合）

$$A \times \frac{200}{400} + B \times \frac{200}{330} + C \leqq 200㎡$$

○上記の算式中の符号は、次のとおりです。

A：「特定事業用宅地等」、「特定同族会社事業用宅地等」の面積の合計（①＋②）	
B：「特定居住用宅地等」の面積の合計（⑥）	
C：「貸付事業用宅地等」の面積の合計（③＋④＋⑤）	

出典：TPS8000/ASP8000帳表

図4-3-4 配偶者居住権の説明書

配偶者居住権の説明書

P − 1

依頼人： _____ 様

年 月 日

■配偶者居住権

1．あらまし

(1) 配偶者居住権の創設の背景

　　平成30年の民法（相続関係）の改正により、「配偶者居住権」が創設されました。

　　改正前の民法の規定によれば、遺産分割に際し、被相続人の配偶者が安定的に住居を確保するためには、配偶者が居住し、被相続人が有していた家屋（以下「居住建物」といいます。）の所有権を取得する必要があります。

　　配偶者が居住建物の所有権を取得しようとする場合、遺産の構成によってはそれを取得しただけで相続分に達し、協議によっては金融資産など他の財産を取得できなくなり、住居は確保したものの老後の生活に苦慮する事態となることもありえます。

　　そこで、配偶者の居住及び老後生活の安定に資するため、配偶者の生存中は居住建物に無償で居住できる権利（配偶者居住権）が創設されました。

　　他の相続人が居住建物の所有権を取得し、配偶者が配偶者居住権を取得することにより、配偶者の住居が確保され、かつ、他に金融資産も相続することができるため、老後の生活を安定させることが可能になります。他の相続人も相続により取得する金融資産の額は少なくなるものの、居住建物の所有権は確保されており、配偶者死亡後、配偶者の別の相続人がいた場合でも居住建物が相続されることなく、使用収益できることとなります。

(2) 配偶者居住権の成立の要件

　　次の①②両方を満たすときに、下記(3)の方法により、配偶者居住権を設定できます（民法1028①）。

　①被相続人の所有していた建物（注）であること。

　②配偶者が、相続開始の時にその建物に居住していたこと。

　　（注）夫婦（被相続人と配偶者）で共有する建物でも可能ですが、夫婦以外の人と共有する建物の場合は配偶者居住権を設定することはできません（民法1028①ただし書き）。

(3) 配偶者居住権を設定する方法

　　配偶者居住権は、遺贈、死因贈与、相続人間の遺産分割協議、または家庭裁判所の審判によって設定可能です（民法1028①、1029）。

(4) 存続期間

　　配偶者居住権の存続期間は、原則として配偶者の終身の間とされていますが、遺産分割協議等により別の期間を定めることもできます（民法1030）。

2．配偶者居住権の登記について

(1) 配偶者は、配偶者居住権の登記をすることで、第三者に対抗できるようになります（民法1031）。

(2) 登記を行う場合、登録免許税や、司法書士への手数料が必要となります。

(3) 配偶者居住権が消滅した場合の登記の抹消を行う場合も、登録免許税や、司法書士への手数料が必要となります。

3．配偶者と居住建物の所有者との間のおもな法律関係について

(1) 居住建物の使用等について（民法1032）

　①配偶者居住権者は、無償で居住建物に住み続けることができますが、居住建物の所有者の承諾を得ること無く、他の用法で建物を使用することはできません。

　　ただし、従前居住の用に供していなかった部分について、これを居住の用に供することは可能です。

　②また、建物の使用に当たっては、善良な管理者としての注意義務（建物を借りて住んでいる場合と同様の注意を払う義務）があります。

出典：TPS8000/ASP8000帳表

図4-3-5 小規模宅地等の特例の適用確認書

年　月　日

小規模宅地等の特例の適用確認書

ＴＫＣコンピュータ会計

＿＿＿＿＿＿＿＿＿＿＿殿

　私（私たち）は、小規模宅地等についての相続税の課税価格の計算の特例について、説明を受け、理解しました。
　また、小規模宅地等についての相続税の課税価格の計算の特例の適用を受ける宅地等を選択し、その選択した宅地等の取得者が、特例の適用を受けるものとして、相続税申告書を作成することに同意します。

（各相続人等の氏名）

＿＿＿＿＿＿＿＿＿＿＿＿＿＿㊞　　　　＿＿＿＿＿＿＿＿＿＿＿＿＿＿㊞

＿＿＿＿＿＿＿＿＿＿＿＿＿＿㊞　　　　＿＿＿＿＿＿＿＿＿＿＿＿＿＿㊞

出典：TPS8000/ASP8000帳表

図4-3-6 財産目録(「相続財産等の確認書」等)

財 産 総 括 書

被相続人:山田 太郎

財 産 の 種 類		財産の数	価 額
土地	田		円
	畑		
	宅地	3	263,904,278
	山林		
	その他の土地		
	計	3	263,904,278
	(小規模宅地等の減額後の土地の計)		(188,390,486)
家屋、構築物		7	13,822,006
事	機械、器具、農機具、その他の減価償却資産		

相 続 財 産 等 の 確 認 書

財 産 ・ 債 務 等	価 額	摘 要
土地(土地の上に存する権利を含む。)	263,125,238	別紙内訳書の通り
財 家 屋 、 構 築 物	13,888,248	別紙内訳書の通り
事 業 (農 業) 用 財 産		別紙内訳書の通り
産 有 価 証 券	80,969,825	別紙内訳書の通り
の 現 金 、 預 貯 金 等	7,410,187	別紙内訳書の通り
家 庭 用 財 産	1,000,000	別紙内訳書の通り
額 そ の 他 の 財 産	125,780,577	別紙内訳書の通り
計	472,174,075	
相続時精算課税適用財産の価額	33,781,000	別紙内訳書の通り
債 債 務	3,858,600	別紙内訳書の通り
務 葬 式 費 用	2,753,500	別紙内訳書の通り
等 計	6,612,100	

1	23,732,000	
1	8,490,000	
1	7,996,256	
2	3,291,036	
5	41,419,292	
5	7,411,700	
1	1,000,000	
3	54,290,977 / 54,290,977	
1	40,000,000 / 20,000,000	
3	32,407,600	
7	126,696,577	
24	453,355,853 / 338,742,061	

(TPS8000 Copyright (C) TKC)

財 産 目 録

被 相 続 人:山田 太郎
相続の年月日:令和 5年 4月10日

(TPS8000 Copyright (C) TKC)

出典:TPS8000/ASP8000帳表

図4-3-7 相続税申告検討資料

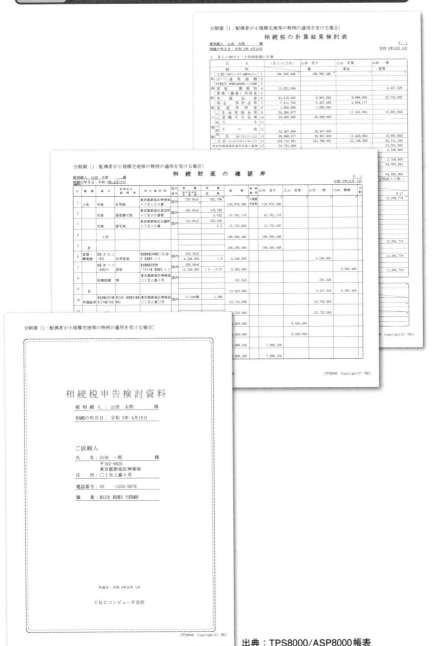

出典：TPS8000/ASP8000帳表

図4-3-8 二次相続税の試算表、シミュレーション

分割案 [1：配偶者が小規模宅地等の特例の適用を受ける場合]

遺産分割案に基づく二次相続税の試算表

被相続人：山田 太郎 様　　　　　　　　　　　　　　　　　　令和5年10月5日

○ 今回の相続に係る相続税と配偶者の財産に係る相続税の試算

(1) 財産・債務の価額

(単位：円)

項　目			今回の相続（一次相続）	配偶者分の相続（二次相続）	
				配偶者の一次相続財産	配偶者の固有財産
財産の価額		土地（土地の上に存する権利を含む）	188,390,486	(注1-1) 188,390,486	(注2-1) 188,390,486
		家屋、構築物	13,822,006		
		事業（農業）用財産			
		有価証券	41,419,292	8,991,292	2,500,000
		現金、預貯金等	7,411,700	(注1-3) 34,559,283	3,600,000
		家庭用財産	1,000,000	1,000,000	1,000,000
	その他	生命保険金等	34,290,977	(注1-3)	
		退職手当金等	20,000,000	(注1-3)	
		立木			
		その他の財産	32,407,600	18,807,600	
		合計	338,742,061	251,748,661	195,490,486
相続時精算課税適用財産の価額			33,781,000		
債務等		債務	3,858,600	(注1-4) 2,753,500	
		葬式費用			
		合計			
純資産価額					
純資産価額に加算される贈与財産価額					
課税価格					

(2) 取得財産の価額（課税価格）、相続税額

項　目		今回の相続（一次相続）	配偶者分の相続（二次相続）
課税価格	配偶者		
	子（3人）		
相続税額	配偶者		
	子（3人）		
相続税の合計額			

(注) 1．「配偶者の一次相続財産」欄の金額は、
　1-1. 土地（土地の上に存する権利を含む）で、二次相続での特例適用金額は、
　　　配偶者が相続する特例農地等につい、
　　　配偶者居住権に基づく敷地利用権が…
　1-2. 家屋、構築物：配偶者居住権は、…
　1-3. 現金、預貯金等：配偶者が受け取る…
　　　また、配偶者が納付すべき一次相続…
　1-4. 債務：配偶者が負担する葬式費用及…
　2．「配偶者の固有財産」欄の金額は、
　2-1. 土地（土地の上に存する権利を含む…の金額です。
　2-2. 生命保険金等・退職手当金等：非課…
　3．二次相続における「相続税額」は、…相続税の総額を試算しています。その…
　4．令和5年7月20日現在の相続税法等…

二次相続税を考慮した遺産分割のシミュレーション

被相続人：山田 太郎 様　　　　　　　　　　　　　　　令和5年10月5日

【ケース1】配偶者が2分の1（又は1億6,000万円）の財産を相続するとした場合の試算

(単位：円)

項　目		今回の相続（一次相続）	配偶者分の相続（二次相続）
課税価格	配偶者	184,605,000	
	子（3人）	184,605,000	380,095,000
相続税額	配偶者		
	子（3人）	31,721,700	81,837,600
相続税の合計額 ①		113,559,300	

【ケース2】二次相続の課税価格が基礎控除額となるよう相続するとした場合の試算

(単位：円)

項　目		今回の相続（一次相続）	配偶者分の相続（二次相続）
課税価格	配偶者	0	
	子（3人）	369,210,000	195,490,000
相続税額	配偶者	0	
	子（3人）	67,883,500	23,497,800
相続税の合計額 ②		91,381,300（差額①-②）	22,178,000

【ケース3】一次・二次相続税の合計額が最も少なくなる遺産分割の試算

(単位：円)

項　目		今回の相続（一次相続）	配偶者分の相続（二次相続）
課税価格	配偶者	0	
	子（3人）	369,210,000	195,490,000
相続税額	配偶者	0	
	子（3人）	67,883,500	23,497,800
相続税の合計額 ③		91,381,300（差額①-③）	22,178,000

(注) 1．配偶者の相続財産の価額及び現時点での配偶者の固有財産に基づいて試算していますので、遺産分割協議の際は、次の点にご注意ください。
　(1) 「配偶者の一次相続財産」や「配偶者の固有財産」についての二次相続までの価値の変動や消費による異動
　(2) 相続税法等の法令改正や財産評価基本通達等の通達改正
　2．【ケース1～3】における二次相続税の試算は、配偶者の「今回の相続（一次相続）」欄の金額を二次相続における配偶者の一次相続財産として、その金額に配偶者の固有財産を加味して試算しています。
　3．配偶者の「今回の相続（一次相続）」欄の課税価格は、試算ケースに応じて金額が変化するため、相続税額を、次のように試算しています。このため、上記の「遺産分割案に基づく二次相続税の試算表」の試算結果とは異なる場合がありますのでご注意ください。
　(1) 配偶者が一次相続により小規模宅地等、生命保険金等・退職手当金等、配偶者居住権等を取得している場合には、それら財産の種類を考慮せずに試算しています。
　(2) 「配偶者分の相続（二次相続）」は、小規模宅地等の特例適用を受けないものとして試算しています。
　(3) 農地等納税猶予の適用を受けている場合は、子が農業相続人であるものとして試算しています。
　4．一次・二次相続税の合計額が最も少なくなる遺産分割額はケース2となるためケース3にはケース2を表示しています。
　5．令和5年7月20日現在の相続税法等に基づいて試算しています。

出典：TPS8000/ASP8000帳表

図4-3-9 相続税の計算調整に関する確認書

年　月　日

相続税の計算調整に関する確認書

ＴＫＣコンピュータ会計

_____　殿

　私（私たち）は、あん分割合・扶養義務者の未成年者控除額・扶養義務者の障害者控除額の取扱いについて、説明を受け、理解しました。
　また、あん分割合・扶養義務者の未成年者控除額・扶養義務者の障害者控除額として計算調整を行い、相続税申告書を作成することに同意します。

（各相続人等の氏名）

_____　㊞　　　　　_____　㊞

_____　㊞　　　　　_____　㊞

出典：TPS8000/ASP8000帳表

図4-3-10 非上場株式等の納税猶予の特例の説明書

非上場株式等の納税猶予の特例の説明書

P－1

依頼人：　　　　　　　　　　様

　　　　　年　月　日

■**非上場株式等についての相続税の納税猶予及び免除の特例**（租税特別措置法第70条の7の6）

【特例措置】

1．制度のあらまし

　円滑化法の認定（注1、2）を都道府県知事から受ける非上場会社の後継者である相続人又は受遺者（以下「特例経営承継相続人等」といいます。）が、被相続人から非上場会社の株式又は出資（以下「非上場株式等」といいます。）を相続又は遺贈（以下「相続等」といいます。）により取得（<u>平成30年1月1日から令和9年12月31日までの間の最初のこの制度の適用に係る相続等による取得（注3）及びその取得の日から特例経営承継期間（注4）の末日までの間に相続税の申告書の提出期限が到来する相続等による取得に限ります。</u>）をし、その会社を経営していく場合には、特例経営承継相続人等が納付すべき相続税のうち、特例対象非上場株式等（注5）に係る課税価格に対応する相続税の納付が猶予されます（以下猶予される相続税額を「特例株式等納税猶予税額」といいます。）、特例経営承継相続人等が死亡した場合等には、その全部又は一部が免除されます（免除される主な場合については、次の「特例株式等納税猶予税額の全部又は一部が免除される主な場合」を参照してください。）。

　ただし、免除されるまでに、特例対象非上場株式等を**譲渡するなど一定の場合には、特例株式等納税猶予税額の全部又は一部について納税の猶予が打ち切られ、その税額と利子税を納付しなければなりません。**

（注）1　「円滑化法の認定」とは、中小企業における経営の承継の円滑化に関する法律（以下「円滑化法」といいます。）第12条第1項の認定（円滑化省令第6条第1項第12号又は第14号の事由に限ります。）をいいます。なお、円滑化法の認定を受けるためには、原則として、相続開始後8か月以内にその申請を行う必要があります。

　　　　また、円滑化法の認定を受けるに当たっては、平成30年4月1日から令和6年3月31日までに円滑化省令第16条第1号に規定する特例承継計画を都道府県知事に提出し、円滑化省令第17条第1項第1号の都道府県知事の確認を受ける必要があります。

　　　2　円滑化法の認定、特例承継計画の提出・確認のための具体的な要件や手続については、会社の主たる事務所が所在する都道府県の担当課にお尋ねください。担当課については、国税庁ホームページに掲載されているパンフレット「非上場株式等についての贈与税・相続税の納税猶予・免除（法人版事業承継税制）のあらまし」などでご確認ください。

　　　3　特例経営承継相続人等が、その会社の非上場株式等について、最初に「非上場株式等についての贈与税の納税猶予及び免除の特例」の適用を受けている場合には、その適用に係る贈与による取得となります。

　　　4　「特例経営承継期間」とは、この制度の適用に係る相続に係る相続税の申告書の提出期限※の翌日から次に掲げる日のいずれか早い日又はこの制度の適用を受ける特例経営承継相続人等の死亡の日の前日のいずれか早い日までの期間をいいます。

　　　　①特例経営承継相続人等の最初のこの制度の適用に係る相続に係る相続税の申告書の提出期限※の翌日以後5年を経過する日

　　　　②特例経営承継相続人等の最初の「非上場株式等についての贈与税の納税猶予及び免除の特例」の適用に係る贈与の日の属する年分の贈与税の申告書の提出期限※の翌日以後5年を経過する日

　　　　※　災害等により申告期限の延長がされる場合には、その延長後の申告期限となります。

　　　5　「特例対象非上場株式等」とは、相続等により取得した非上場株式等（議決権に制限のないものに限ります。）で相続税の申告書にこの制度の適用を受けようとする旨の記載があるものをいいます。

◎　特例株式等納税猶予税額の全部又は一部が免除される主な場合

①	特例経営承継相続人等が死亡した場合
②	特例経営承継期間内に、特例経営承継相続人等が、身体障害等のやむを得ない理由により、特例対象非上場株式等に係る会社の代表権を有しなくなった場合において、租税特別措置法第70条の7の6第12項において準用する同法第70条の7の2第16項第2号の規定に基づき、特例対象非上場株式等を会社の後継者に贈与した場合

出典：TPS8000/ASP8000帳表

図4-3-11 非上場株式等の納税猶予の特例の適用確認書

年　　月　　日

非上場株式等の納税猶予の特例の適用確認書

ＴＫＣコンピュータ会計

________________殿

私（私たち）は、非上場株式等についての相続税の納税猶予の特例について、説明を受け、理解しました。

また、非上場株式等についての相続税の納税猶予の特例の適用を受ける非上場株式等を選択し、その選択した非上場株式等の取得者が、特例の適用を受けるものとして、相続税申告書を作成することに同意します。

（各相続人等の氏名）

________________㊞　________________㊞

________________㊞　________________㊞

出典：TPS8000/ASP8000帳表

第**4**節

相続税申告業務チェックリスト

ポイント

相続税申告書作成が一通り終わり、相続人等に最終の署名押印を頂く前に、事務所内において「相続税申告業務チェックリスト」を用いて、担当者と他の職員でチェックを行い、さらにその後、担当者と所長で最終チェックを行います。

【解説】

1. 全ての項目を一から再確認する

相続税申告業務は、被相続人の経歴から始まって預貯金、有価証券、非上場株式等、生命保険金、保険契約に関する権利、生前贈与財産、土地・建物、事業用財産、債務・葬式費用、各種特例適用、税額控除の確認など、分析、判断、意思確認等をしなければならない項目が膨大かつ複雑です。土地評価・金融資産確認、贈与財産か被相続人の財産かの確認、その他の財産の評価・特例適用確認など定期的に上司・所長に報告・相談・検討をすることはもちろんですが、相続人等に最後の署名をもらう前に、一から総合的に再確認することが不可欠です。

2. 相続税申告期限の1か月前に完了

できるだけ相続税申告期限の1か月前までに、最終相互チェックを終えておきたいものです。何かに齟齬が生じていると、それを解決するために再調査、関係機関との調整、相続人全員との日程調整などであっという間に時間が過ぎてしまいます。しかし、相続税申告期限の2か月前

に受任したなどのケースもありますので、理想どおりに運ぶとは限りません。間違いの生じないように、できるだけ余裕をもって作業を進めたいものです。

3. 最低でもダブルチェック

相続税申告では特にダブルチェックが欠かせません。担当者と他の職員でチェックを行い、その後で担当者と所長で再度チェックをします。その都度行うチェックのときも含めて、再確認すべき事項や訂正すべき事項についてはチェックリストに朱書きでその顛末を書き、確認や訂正漏れのないようにします。そのために別途チェック事項記入用紙を作成し、担当者、チェック者、所長がそれぞれコメントを書くようにします。

4. 「相続税申告業務チェックリスト」を使って相続人に説明する

事務所内で最終確認に使用した「相続税申告業務チェックリスト」（図4-4-1）は、相続人に申告内容を説明する際にも使用します。申告書の内容と合わせてチェックリストの内容を説明し、相続人が申告内容に納得した上で申告書に署名してもらえるようにします。なお、電子申告の場合には、電子申告同意書に署名してもらうとよいでしょう。

5. 税務署に申告書を提出する際はチェックシートを添付する

国税庁等では、申告書への添付用に、相続人と税理士の住所・氏名・電話番号を記載する「相続税の申告のためのチェックシート」（図4-4-2）及び「税理士法第33条の2の書面添付に係るチェックシート〔相続税〕」（図4-4-3）を作成しています。内容は「相続税申告業務チェックリスト」とほぼ同じものです。いずれのチェックシートも申告前に必ずチェックし、申告書に添付して提出するようにします。

図4-4-1 相続税申告業務チェックリスト

<table>
<tr><td colspan="2" align="right"></td></tr>
</table>

相続税申告業務チェックリスト

被相続人：山田　太郎　　　様　　　　　　　　　　　　　　　　　　　　　　　　P - 1
相続の年月日：令和 5年 4月10日　　　　　　　　　　　　　　　令和 5年 8月21日(19:32)

1．被相続人

フリガナ	ヤマダ タロウ	職　　　業	株式会社 新宿寝具 代表取締役
氏　　名	山田　太郎	住　　所	〒162-0825
相続の年月日	令和 5年 4月10日(月)		東京都新宿区神楽坂○丁目△番×号
生 年 月 日	昭和18年10月10日		
年　　齢	79歳	申 告 期 限	令和 6年 2月13日(火)

2．相続人等

行	チェック内容	根拠となる資料等	チェック	資料の申告書添付
1	法定相続人の数は適切ですか？ （養子の数は適切ですか？）	被相続人の戸籍の謄本等（注1）	□	有（　　部）・無
2	養子縁組（又はそれを取消し）した人・代襲相続人・父母の一方のみを同じくする兄弟姉妹がいますか？	各相続人の戸籍の謄本、遺言書	□	有（　　部）・無
3	未成年者・障害者がいますか？	特別代理人選任の審判の証明書、 身体障害者手帳等	□	有（　　部）・無 有（　　部）・無
4	成年被後見人がいますか？	成年後見登記事項証明書	□	有（　　部）・無
5	相続放棄をした人がいますか？	家庭裁判所の相続放棄申述受理証明書	□	有（　　部）・無
6	相続欠格者・被廃除者がいますか？	家庭裁判所の審判・調停又は遺言書、 相続欠格事由の存否	□	有（　　部）・無
7	各相続人の個人番号を確認しましたか？	次の①～③いずれかの写し ①個人番号カード、②通知カード（注2）、 ③個人番号が記載された住民票 ※電子申告ではこれらの書類の添付は不要	□	有（　　部）・無
8	電子申告する場合、各相続人から利用者識別番号を入手しましたか？また、利用者識別番号を未取得の場合は開始届出書を提出し取得しましたか？	各相続人の利用者識別番号の通知書等	□	有（　　部）・無
9	被相続人の死亡時の住所地を納税地としていますか？※住所地とは、被相続人の「生活の本拠」をいい、住民登録上の住所と一致しない場合があります。	被相続人の戸籍の附票の写し（相続開始の日以後に作成されたもの） 老人ホームへの入所時における契約書の写し	□	有（　　部）・無 有（　　部）・無

注1 「戸籍の謄本等」は、次のいずれかの書類（複写したものを含みます。）をいいます。
　①被相続人の全ての相続人を明らかにする戸籍の謄本(相続開始の日から10日を経過した日以後に作成されたもの)
　②図形式の「法定相続情報一覧図の写し」(子の続柄が実子又は養子のいずれであるかが分かるように記載されたもの)
　　なお、被相続人に養子がいる場合には、その養子の戸籍の謄本又は抄本（複写したものを含みます。）も必要です。
注2 通知カードの写しは、現在の住所・氏名が記載されている場合に限り、有効です。

3．相続財産の分割等

行	チェック内容	根拠となる資料等	チェック	資料の申告書添付
1	遺言書がありますか？	①法務局保管の遺言書情報証明書、②遺言公正証書又は③家庭裁判所の検認済の遺言書のいずれか	□	有（　　部）・無
2	死因贈与がありますか？	贈与契約書	□	有（　　部）・無

図4-4-2 相続税の申告のためのチェックシート

相続税の申告のためのチェックシート（令和5年1月以降提出用）

このチェックシートは、相続税の申告書が正しく作成されるよう、一般に誤りやすい事項をまとめたものです。
申告書作成に際して、検討の上、申告書に添付してご提出くださるようお願いいたします。

なお、国税庁ホームページ【https://www.nta.go.jp】には、相続税に関する具体的な計算方法や申告の手続などの詳しい情報を記載した「相続税の申告のしかた」を掲載しておりますのでご利用ください。

また、非上場株式等についての相続税の納税猶予の特例の適用を受ける場合は「『非上場株式等についての相続税の納税猶予及び免除の特例』（特例措置）の適用要件チェックシート」等、個人の事業用資産についての相続税の納税猶予の特例の適用を受ける場合は「『個人の事業用資産についての相続税の納税猶予及び免除』の適用要件チェックシート」等の確認もお願いいたします（国税庁ホームページ【https://www.nta.go.jp】に掲載しています。）。

区分	検討項目	検討内容	検討(レ)	検討資料	検討資料の確認(レ)	添付(レ) 申告に添付をお願いしている項目であり、チェックボックスがない項目は添付不要。
相続財産の分割等		① 遺言書がありますか。	☐	○ 家庭裁判所の検認を受けた遺言書又は公正証書による遺言書の写し	☐	☐※
		② 相続人に未成年者はいませんか。	☐	○ 特別代理人選任の審判の証明書	☐	
		③ 戸籍の謄本等がありますか。	☐	○ 戸籍の謄本等（注1）	☐	☐
		④ 遺産分割協議書がありますか。	☐	○ 遺産分割協議書の写し	☐	☐※
相続財産	不動産	① 未登記不動産はありませんか。	☐			
		② 共有不動産はありませんか。	☐	○ 所有不動産を証明するもの（固定資産税評価証明書、登記事項証明書等）	☐	
		③ 先代名義の不動産はありませんか。	☐			
		④ 他の市区町村に所在する不動産はありませんか。	☐			
		⑤ 日本国外に所在する不動産はありませんか。	☐			
		⑥ 他人の土地の上に存する建物（借地権）及び他人の農地を小作（耕作権）しているものはありませんか。	☐	○ 賃貸借契約書、小作に付されている旨の農業委員会の証明書		
		⑦ 貸付地について、「土地の無償返還に関する届出書」は提出されていますか。	☐	○ 土地の無償返還に関する届出書		
		⑧ 土地に縄延びはありませんか。	☐	○ 実測図等		
	事業（農業）用財産	○ 事業用財産又は農業用財産の計上漏れはありませんか。	☐	○ 資産・負債の残高表、所得税青色申告決算書・収支内訳書		
	有価証券	① 株式・出資・公社債・貸付信託・証券投資信託の受益証券等の計上漏れはありませんか。	☐	○ 証券、株券、通帳又はその預り証	☐	
		② 名義は異なるが、被相続人に帰属するものはありませんか。（無記名の有価証券も含みます。）。	☐	○ 証券、株券又はその預り証		
		③ 増資等による株式の増加分や配当等による取得分の計上漏れはありませんか。	☐	○ 配当金支払通知書（保有株数表示）		
		④ 株式の割当を受ける権利、配当期待権はありませんか。	☐	○ 評価明細書等		
		⑤ 日本国外の有価証券はありませんか。	☐			
	現金・預貯金	① 相続開始日現在の残高で計上していますか。（現金の残高も確認しましたか。）	☐			
		② 郵便貯金も計上していますか。	☐	○ 預貯金・金銭信託等の残高証明書、預貯金通帳等	☐	
		③ 名義は異なるが、被相続人に帰属するものはありませんか。（無記名の預金も含みます。）。	☐			
		④ 日本国外の預貯金はありませんか。	☐			
		⑤ 既経過利息の計算は行っていますか。利息は、相続開始日に解約するとした場合の利率で計算し、その額から源泉所得税相当額を控除します。	☐			
	家庭用財産	○ 家庭用財産の計上漏れはありませんか。	☐			
	生命保険金・退職手当金等	① 生命保険金の計上漏れはありませんか。	☐			
		② 生命保険契約に関する権利の計上漏れはありませんか。	☐	○ 保険証券、支払保険料計算書、所得税及び復興特別所得税の確定申告書（控）	☐	
		③ 契約者が家族名義などで、被相続人が保険料を負担していた生命保険契約はありませんか。	☐			
		④ 退職手当金の計上漏れはありませんか。	☐	○ 退職金の支払調書、取締役会議事録等	☐	
		⑤ 弔慰金、花輪代、葬祭料等の支給を受けていませんか。（退職手当金等に該当するものはありませんか。）。	☐			

►次頁に続く。

被相続人氏名 ＿＿＿＿＿＿＿＿＿＿＿

相続人代表

住　所 ＿＿＿＿＿＿＿＿＿＿＿

氏　名 ＿＿＿＿＿＿＿＿＿＿＿

　　　電話　（　　）

関与税理士　所在地 ＿＿＿＿＿＿＿

氏名 ＿＿＿＿＿　電話 ＿＿＿＿＿

（資4−81−1−A4統一）

出所：国税庁ホームページ

図4-4-3 税理士法第33条の2の書面添付に係るチェックシート〔相続税〕

税理士法第33条の2の書面添付に係るチェックシート〔相続税〕

　このチェックシートは、税理士法第33条の2の規定に基づく添付書面の作成に当たって、申告書を正しく作成していただけるよう確認すべき事項をまとめたものです。

　次表の「確認事項」欄をご確認の上、「確認」欄にチェックするとともに、その事項に係る該当の有無を「該当の有無」欄にチェックしてください。

　法定添付書類は確認書類欄に「●」、提出をお願いしている書類は確認書類欄に「○」を表示しています。

　確認書類欄に「◇」で表示している書類は、添付の必要はございませんが、当該書類を添付することで、申告書作成の過程が明らかとなり、提出した方がよいと判断した場合は、「添付」欄にチェックした上、書類の提出をお願いします。

　なお、確認書類欄の[ ]内には、当該確認のために用いた書類の名称を記載してください。

(令和5年1月以降提出用)

項目	確認事項（確認欄にチェックしてください）	確 認 書 類	確認(レ)	該当の有無(レ)	添付(レ)
相続税の納税地	○ 被相続人の死亡時の住所地を納税地としていますか。 ※住所地とは被相続人の「生活の本拠」をいい、住民登録上の住所と一致しない場合があります。	◇被相続人の戸籍の附票の写し（相続開始の日以後に作成されたもの）（※1）	□	—	□
		◇老人ホーム等への入所時における契約書の写し等			□
相続人等	① 法定相続人に誤りはありませんか。	●戸籍の謄本、図形式の法定相続情報一覧図の写し等（※2）	□	—	□
	② 相続人に未成年者や障害者の方はいませんか。	◇特別代理人選任の審判の証明書、身体障害者手帳等	□	□有□無	□
相続財産の分割等	① 遺産分割協議書はありますか。	◇遺産分割協議書及び各相続人の印鑑証明書（※3）	□	□有□無	□
	② 遺言書はありますか。	◇家庭裁判所の検認を受けた遺言書の写し等（※3）	□	□有□無	□
相続 不動産	① 未登記不動産はありませんか。	◇所有不動産が確認できるもの（固定資産評価証明書、登記済権利証、登記事項証明書、国外財産調書（控）等）	□	□有□無	□
	② 共有不動産はありませんか。		□	□有□無	□
	③ 先代名義の不動産はありませんか。		□	□有□無	□
	④ 他の市区町村に所在する不動産はありませんか。		□	□有□無	□
	⑤ 日本国外に所在する不動産はありませんか。		□	□有□無	□
	⑥ 他人の土地の上に存する建物（借地権）及び他人の農地を小作（耕作権）しているものはありませんか。	◇土地の賃貸借契約書、小作に付されている旨の農業委員会の証明書	□	□有□無	□
続 有価証券	① 名義は異なるが、原資、管理、運用等の状況から被相続人に帰属するものはありませんか（無記名の有価証券も含みます。）。	◇証券、株券、通帳又はその預り証	□	□有□無	□
	② 株式の割当てを受ける権利、配当期待権はありませんか。	◇評価明細書等	□	□有□無	□
	③ 増資等による株式の増加分や端株について計上漏れはありませんか。（端株を有する場合⇒該当「有」）	◇配当金支払通知書等	□	□有□無	□
	④ 日本国外の有価証券はありませんか。	◇証券、株券又はその預り証、国外財産調書（控）等	□	□有□無	□
財 現金・預貯金等	① 相続開始直前に、被相続人の預金口座から出金された現金を確認し、相続開始日の現金残高を手元現金に含め計上していますか。（被相続人の預金口座から出金された現金を相続開始日の手元現金に含めている場合⇒該当「有」）	◇預貯金・貸付信託等の残高証明書（相続開始日）、預貯金通帳（国外金融機関の預貯金であればステートメント）等 ⇒ 相続開始前___年分確認。確認した名義、取引金融機関名、口座番号等 ___ ___ ___	□	□有□無	□
	② 預貯金や現金などの増減について、相続開始前5年間程度の期間における入出金の使途等を確認していますか。		□	—	□
	③ 名義は異なるが、原資、管理、運用等の状況から被相続人に帰属するものはありませんか。	その他確認書類 ___ ___	□	□有□無	□
産	④ 日本国外の預貯金はありませんか。		□	□有□無	□
	⑤ 既経過利息の計算は行っていますか。（既経過利息の計算を行っている預貯金等を有する場合⇒該当「有」）		□	□有□無	□

相続税の書面添付記載内容

ポイント

財産の種類ごとに、評価上のポイントとなる事項や家族名義の帰属、取引の状況、未収金や保険の権利の帰属等を記入します。金融資産については、作成した分析表及び相続人からの申述から得られた内容を記入します。

【解説】

1. 確認、検討、判断した内容を具体的に記入

[3 計算し、整理した主な事項 (1)]

　相続人の確認、被相続人の財産形成状況、遺言の有無や遺産分割の状況、未成年者や障害者、相次相続など税額控除について確認した事項、及びそれぞれの財産・債務の区分ごとに、資料を基に確認し、検討し、判断した内容のポイントを明確にし、事実に沿って記入します。備考欄には関連資料名を記載します。多数にわたる場合には記号や番号を記載して資料と照合しやすいように工夫します。

　不動産については名寄帳兼課税台帳や全部事項証明書等を基に確認した事項や賃貸借の状況、現地調査により確認した内容等に基づき、利用区分ごとにその不動産の評価根拠を詳しく記載します。未登記物件が存在する場合にはその所有経緯等についても触れます。

　取引相場のない株式等については、評価に関して必要な検討事項のポイントを記載します。有価証券は、名義有価証券の可能性もあるため、その検討内容を記載します。

　現金・預貯金については、誰がいつまで管理していたかをまず確認し、

その後作成した「被相続人の預貯金入出金確認表」「被相続人及び親族の相続開始日の金融資産残高一覧表」「被相続人の過去10年間の概算推定収入・支出残高推移表」など（第3章第1節参照）を基にその内容を相続人へ確認し、聴取内容から判断した経緯を記入します。名義預金について確認した事項も必ず記入するようにします。贈与に該当するものがある場合には、贈与税の申告状況について確認した内容を記入します。

　生命保険金、保険契約の権利，未収金、貸付金、相続開始前7年内贈与、相続時精算課税を選択した後の贈与、金地金その他の財産についても検討・確認事項を記入します。また、債務・葬式費用についての検討・確認事項も記入します。

　さらに、配偶者の税額軽減や小規模宅地等の特例の選択経緯とその結果についても記載します。

[3　計算し、整理した主な事項 (2)]

　「3　計算し、整理した主な事項 (1)」のうち、個別的・特徴的な事項がある場合にはその内容を記載します。例えば預貯金の残高が6年前と比較した場合に大きく減少しているときは、その理由について確認した事項を記載します。

[4　相談に応じた事項]

　名義預金の考え方や小規模宅地等の特例の適用対象地をどうするのがよいか、遺産分割方法によって税額が変わるのか等、相続税申告書作成に当たり相続人から相談を受けた事項を項目ごとに記載します。

　また、納税方法についての相続人の判断も記載します。

[5　総合所見]

　申告書の作成に関し、総合的な所見を記載します。相続人との面談状況や相続人の申告に対する意識を記載します。

[6　その他]

　事務所が「書面添付実践事務所」である旨や、申告書作成に利用した

システムを記載するとともに、被相続人に関する事項も記載します。被相続人の社会人になってからの経歴、趣味、死亡に至るまでの入院・施設入所などの状況、被相続人の財産管理の状況などを記載します（第1章第5節参照）。

これらはあくまでも、収集した資料を基に税理士が分析し、事実関係を様々な書類に基づいて判断した事実、及び不明な場合には相続人に確認することによって判明した事実に基づいて記入します。

2. 不明な場合は「不明」と記入

全てが明らかにならないこともあります。資料を徹底して集め、分析し、確認して、かつ、相続人等から聞き取りによる確認をしても不明なものは「不明」と記入しておくことも重要です。相続人が全く知らないところから思いもよらない財産が出てきたときは、相続税の課税対象となり修正申告が必要になりますが、重加算の対象とはなりません。

3. 書類には番号を付け、添付書面にも記載

これまで見てきたように相当な量の資料が必要になります。添付書面の「3　計算し、整理した主な事項」にポイントを記載し、その右端の備考欄には関連書類を記載します。ここには資産の種類ごとに整理して資料に付けた番号を記載し、整然と順次確認できるようにしておきます。

これはそのまま、依頼者に返却する申告書の控えであり、依頼者に渡す商品でもあります。依頼者が故人を振り返るときに、良い思い出として残るような申告書にしたいものです。

令和6年4月1日以降は、税理士法第33条の2第1項に規定する添付書面の名称が「申告書の作成に関する計算事項等記載書面」となり、資産税に対応する様式が新たに制定されます（図4-5-1）。

図4-5-1 「申告書の作成に関する計算事項等記載書面（資）」記載例

相続税　申告書（令和○○年分・令和○○年 ○ 月 ○ 日相続開始分）に係る

申告書の作成に関する計算事項等記載書面（資） 33 の 2 ①（資）

令和○○年○○月○○日
　　　　○○　税務署長 殿

※整理番号

税理士又は税理士法人	氏名又は名称	税理士　堤　敬士
	事務所の所在地	東京都新宿区揚場町2-1　電話（03）1234-5678
書面作成に係る税理士	氏　名	税理士　堤　敬士
	事務所の所在地	東京都新宿区揚場町2-1　電話（03）1234-5678
	所属税理士会等	○○税理士会　○○支部　登録番号　第　×××××　号
税務代理権限証書の提出		有（　　相続税　　）・無
依頼者（複数人の場合は別紙に記載すること）	氏名又は名称	相続人　○○　○○
	住所又は事務所の所在地	
相続税の場合	被相続人の氏名	山田太郎
	被相続人の住所	東京都新宿区神楽坂×-×　電話（××）××××-××××

私（当法人）が申告書の作成に関し、計算し、整理し、又は相談に応じた事項は、下記の1から5までに掲げる事項であります。

1　提示を受けた書類等に関する事項

書類等（申告書の作成に関し、計算し、又は整理するために用いたものに限る。）の名称	左記の書類等以外の書類等
法定相続情報一覧図の写し、除籍謄本、改製原戸籍、住民票の写し、印鑑証明書、遺言書、遺産分割協議書、登記事項証明書、固定資産評価証明書、住宅地図、路線価図、公図、地積測量図、現地写真、賃貸借契約書、有価証券残高証明書、配当支払通知書、預貯金残高証明書、預金通帳、定期預金証書、生命保険証券、火災保険証券、車検証、公租公課納税通知書、医療費・葬式費用請求書・領収書、準確定申告書（控）、贈与契約書及び同申告書、過去の所得税確定申告書・決算書（控）、法人税申告書（控）	確認した相続人名義の預貯金通帳

2　自ら作成記入した書類等に関する事項

書類等の名称	作成記入の基礎となった書類等
相続税申告書、財産目録、評価明細書（土地等・家屋・構築物・定期預金等・上場株式・取引相場のない株式・生命保険契約に関する権利・一般動産）、債務及び葬式費用の明細書	上記1の「書類等（申告書の作成に関し、計算し、又は整理するために用いたものに限る。）の名称」と同じ

※事務処理欄	部門	業種		意見聴取連絡事績		事前通知等事績	
				年月日	税理士名	通知年月日	予定年月日
				・　・		・　・	・　・

		※整理番号	

3　計算し、整理した主な事項

区　　分	事　　　　　項	備　　　考
相続人について	法定相続情報一覧図の写し、除籍謄本、改製原戸籍より相続人を確認した。	法定相続情報一覧図の写し、除籍謄本、改製原戸籍（別添1）
遺言の有無	相続人に遺言書がないことを確認するとともに、日本公証人連合会に対して公正証書遺言が存在するかどうか確認した。	公正証書遺言検索結果書面（別添2）
遺言執行者	遺言公正証書が存在し、○○信託銀行が遺言執行者として、遺言執行業務を行っています。	遺言公正証書の写し
障害者・欠格者等	相続人○○○○氏より相続人のうちに、成年被後見人（障害者）・欠格者等に該当する相続人がいないか確認した。	身体障害者手帳（写）（別添3）
土地	・被相続人の所有する土地の利用状況について現地調査を行い、現況地目及び土地建物の利用状況を確認するとともに、公図や測量図を基に土地の形状や建物の建築状況等を確認し、評価を行った。 ・土地については公簿上の面積が実測面積と乖離していないかを確認した上で、実測面積で計算した。 ・先代以前の名義の土地は確認できなかった。 ・○○市○○町○○－○（地目:宅地）の賃貸住宅用地については、駐車場契約者は全員が賃貸住宅の賃借人であり、かつ、駐車場の貸付状態が賃貸住宅と一体であると認められるため、全体を貸家建付地として評価した。なお、賃貸割合は100%であった。 ・○○市○○町○○－○（地目:宅地）は、被相続人の主宰する㈱Xに賃貸し、同法人が工場を建築、使用している。この賃貸借については無償返還の届出書の提出を確認した。自用地評価の80%相当額で評価し、㈱Xの株式評価上、純資産価額に20%相当額を計上した。（詳細は土地等の評価明細書の別紙を参照） ・○市○○町○－○○（地目:宅地）は、評基通20-2（地積規模の大きな宅地の評価）を適用して評価した。評価に当たっては、評価対象地について、資料として添付した「「地積規模の大きな宅地の評価」の適用要件チェックシート」を活用し、各適用要件を満たしていることを確認した。 ・○○町○－○○（地目:宅地）は、被相続人の自宅敷地であり、建物と共に同居親族である長男Aが取得し、居住を継続しており、特定居住用宅地等として小規模宅地等の計算の特例を適用した。また、相続人全員の同意書を確認した。	登記事項証明書、土地・家屋名寄帳、固定資産評価証明書、住宅地図、路線価図、公図、地積測量図、所得税収支内訳書、賃貸不動産情報 建物賃貸借契約書、過去の確定申告書・決算書（控）（別添4-1） 土地賃貸借契約書、土地の無償返還に関する届出書（控）、過去の確定申告書・決算書（控）、法人税申告書（控）（別添4-2） 「地積規模の大きな宅地の評価」の適用要件チェックシート、住宅地図、路線価図、都市計画図、地積測量図等（別添4-3） 長男Aの戸籍の附票（写）（別添4-4）
建物	・○○市○○町○○－○の賃貸住宅の評価に当たっては、相続開始時点における賃貸状況を確認し、賃貸割合は100%であった。 ・○○町○－○○の建物は、未登記物件であったため、相続人から聞き取り、固定資産課税台帳上、所有者は被相続人となっているため固定資産評価証明書との照合の上、相続財産として計上した。	登記事項証明書、賃貸借契約書、土地・家屋名寄帳、固定資産評価証明書、過去の確定申告書・決算書（控）（別添5）

| | | ※整理番号 | |

3 計算し、整理した主な事項

区　　分	事　　　　項	備　　　考
構築物	・相続開始3年前に自宅の門及び塀を新築しており、その費用が被相続人の預金から支出されていたため、相続財産として計上した。	建築工事見積書、預金通帳（写）（別添6）
事業用財産	令和○○年分所得税の準確定申告書・青色決算書記載の減価償却資産（建物を除く）の相続開始日において定率法により償却し直した未償却残高を計上した。	令和○○年分所得税の準確定申告書・青色申告決算書（別添7）
有価証券	・○○証券○○支店との取引があり、証券会社発行の残高証明書を基に財産評価基本通達に則り評価計算した。	有価証券残高証明書、配当金支払通知書、顧客勘定元帳（別添8-1）
	・上場株式については、証券会社発行の残高証明書及び各銘柄の株主名簿管理人である信託銀行証券代行部から所有株式数証明書を入手し、単元未満株も含めて評価計算をした。	残高証明書、所有株式数証明書（別添8-2）
(1)	・有価証券については、証券会社の過去10年間程度の取引状況を勘案の上で検討した。その結果、過去○○証券に家族全員の名義の証券口座が存在したが、すべて被相続人が管理・運用していたもので、相続人はその存在を知らなかったとのことである。相続開始時点では被相続人及び配偶者以外の口座残高は存在しない。配偶者名義の上場株式は、贈与の事実もなく、管理運用状態等から被相続人に帰属する財産として相続財産として計上した。	
	・㈱Xの株式については、設立時から親族・知人名義の株式500株は、配当金が被相続人名義の○○銀行○○支店に振り込まれ、また、名義人が株主総会に出席していないなど、被相続人に帰属するため、相続財産として計上した。	法人税申告書（控）、決算書（控）、仮決算に基づく法人税申告書（別添8-3）
	・㈱Xの株式の評価については、事業規模から中会社の大に該当する。純資産価額の算定に当たって、被相続人の死亡を保険事故として、㈱Xが生命保険金を受け取り、これを原資として退職金を支払っていることから、資産の部に「生命保険金請求権」、負債の部に「未払退職金」及び「退職金控除後の保険差益に対する法人税額等相当額」を計上した。	
	・配偶者名義の××証券△△支店の上場株式等については現金・預貯金記載欄のとおり配偶者固有の財産と判断した。	
現金・預貯金	・現金については、相続人からの聞き取り及び預貯金入出金確認表により確認した。その結果、直前出金250万円及び小口現金3万円を計上した。	預金通帳（写）、預貯金入出金確認表、被相続人及び親族の相続開始日の金融資産残高一覧表、相続人預貯金内訳表、被相続人推定収入・支出・残高推移表、相続人推定収入・支出・残高推移表（別添9）
	・預貯金については、名義が被相続人のものでなくとも相続財産として計上すべき財産についての説明を行った上で、被相続人の過去6年間の取引状況、相続人名義の預貯金については、各口座の通帳や印鑑の保管状況と管理状況、相続人の収入を勘案し、相続人がどれだけの財産を蓄積可能であったか、現金や預貯金の贈与の有無、生活状況を勘案の上検討した。その結果、配偶者名義の○○銀行○○支店定期預金800万円及び○○銀行○○支店定期預金1,500	

※整理番号	

3 計算し、整理した主な事項

	区　　分	事　　　　　項	備　　　考
(1)		万円は、令和○○年○月に被相続人所有の土地の収用による譲渡資金を原資としており、配偶者に確認したところ贈与を受けていないとの返答を得たため、被相続人の相続財産として計上した。 ・配偶者は㈱Xに長期にわたって取締役として勤務し役員報酬を得ており、他の配偶者名義の預貯金及び有価証券については固有の財産であると判断した。 ・被相続人名義及び配偶者の名義借の預貯金については、既経過利息とともに計上した。 ・預貯金入出金確認表より被相続人から被相続人の姉に対して令和○○年○月○日に750万円金銭を貸付け、令和○○年○月○日にうち500万円の返済を受けていることが確認できた。残額を貸付金として計上した。	
	生命保険金	・被相続人を契約者、被保険者とし、被相続人が保険料を負担していた生命保険契約に基づき、○○生命から1,000万円、××生命から1,500万円の死亡保険金の入金が確認され、相続財産として計上した。生命保険証券により入金先が受取人のものであることを確認した。 ・(一社)生命保険協会に被相続人が契約者又は被保険者である保険契約の有無について照会したところ上記生命保険契約以外にはなかったことを確認した。	生命保険金の支払通知書、過去の確定申告書(控)、照会結果のご回答について(別添10)
	退職手当金	被相続人は、小規模企業共済契約に加入しており、死亡によって小規模企業共済法第10条の定めるところにより、配偶者に死亡共済金が支払われていたことから、みなし相続財産として計上した。	小規模企業共済契約に係る共済金の支払決定通知書兼振込通知書(別添11)
	その他財産	・被保険者及び受取人を配偶者とする生命保険契約が確認されたが、当初の契約者は被相続人であったところ、令和○○年○月に配偶者に契約者変更されている。掛金は年払いであり、相続開始日における生命保険契約の解約返戻金相当額に、既払込保険料総額に占める被相続人負担保険料の割合を乗じて計算した金額を生命保険に関する権利として、みなし相続財産として計上した。 ・自宅及び賃貸住宅についてのJA○○における建更は、被相続人が保険料を負担しており、相続開始日における解約返戻金相当額を相続財産として計上した。 ・○○銀行○○支店の貸金庫を配偶者及び他の相続人と共に確認したところ、○○グラムの金地金が保管されていたため、相続人のものでないことを確認し、相続財産として計上した。評価に当たっては、(一社)日本金地金流通協会会員である○○貴金属の発表している相続開始日の買取価格(税込)によって評価した。 ・被相続人の主宰する㈱Xに対して被相続人からの貸付金700万円があったため、貸付金として相続財産に計上した。	解約返戻金証明書、保険証券、過去の確定申告書(控)(別添12-1) 解約返戻金相当額等証明書、建物更生共済証書、保険証券、過去の確定申告書(控)(別添12-2) 買取価格表、金地金計算書、金の現物写真(別添12-3) 金銭消費貸借契約書、法人決算書、法人税科目内訳書、法人の総勘定元帳(別添12-4)

		※整理番号	

3　計算し、整理した主な事項

区　　分		事　　　　項	備　　　　考
(1)	債務	・令和○○年に被相続人から配偶者、長男、長女、長女の子2人に対してそれぞれ200万円の贈与があった。相続人である配偶者、長男、長女への贈与について、相続開始前3年以内の贈与加算をするとともに、贈与税額控除○○万円を計上した。	令和○○年贈与税申告書(控)(別添12-5)
		・令和○○年に購入している長男の車両代金○○○万円については、被相続人の預金通帳の同年○月○日の出金による資金により取得しており、贈与を受けていない旨を確認したため、立替金として相続財産に計上した。	預金通帳(写)、預貯金入出金確認表(別添9)
		・高額医療費還付金、高額介護サービス費は、それぞれ関係資料を確認の上計上した。	高額介護サービス費支給決定通知書(別添12-6)、預金通帳(写)、預貯金入出金確認表(別添9)
		・○○株及び投資信託の未収配当があり、計上した。	配当金計算書(別添12-7)
		・借入金については、借入金返済明細書、残高証明書、相続人からの聞き取り及び資産の取得状況等により確認した。	残高証明書、借入金返済明細書(別添13-1)
		・未払公租公課については、所得税及び消費税等の準確定申告並びに固定資産税等の納税通知書により相続開始日現在の未払い分を計上した。	準確定申告書(控)、固定資産税納付書(別添13-2)
		・預り保証金及び敷金については、建物賃貸借契約書により確認し計上した。	建物賃貸借契約書(別添4-1)
	葬式費用	・葬儀社その他の請求書及び振込金受領書等に基づき、控除する葬式費用を確認すると共に、親族の負担した盛花代等や初七日等法事費用、香典返しに係る費用を除いた上で葬式費用として計上した。	葬儀費用請求書、振込金受領書、葬式費用の各種領収書(別添14)

区　　分		(1)のうち個別的・特徴的な事項	備　　　　考
(2)	建物、現金、預貯金	・被相続人推定収入・支出・残高推移表から検討したところ、相続開始日における預貯金残高と6年前の預貯金残高とを比較すると、生活費等を除いて約8,000万円の資金が減少している。その内訳はおおむね次のとおりである。 ①5年前に取得した賃貸住宅建築のための資金4,700万円 ②3年前の自宅の屋根と壁の修繕費300万円 ③配偶者等5人に対する贈与1,000万円 ④法人への貸付金250万円 ⑤直前出金250万円 ⑥6年間の医療費1,500万円	
	債務免除	・令和○○年○月○日、㈱Xに対する貸付金○○百万円を債権放棄している(債務免除に関する覚書を作成済)。なお、㈱Xにおいては、免除益を計上していることを確認している。	

※整理番号

4 相談に応じた事項

事　項	相　談　の　要　旨
相続財産の範囲	財産の名義にかかわらず、実質的に被相続人に帰属するものと考えられる財産は、相続財産として計上する必要がある旨を相続人に説明した上で、相続人及び家族名義による財産について保管状況や管理状況、相続人各位の所得状況等を確認した。なお、相続税法第49条第1項の規定に基づく請求に対する開示請求をした結果、各相続人について、相続時精算課税の選択をしたものがなかったことを確認した。
小規模宅地の適用について	小規模宅地の適用については、租税特別措置法第69条の4（小規模宅地等についての相続税の課税価格の計算の特例）について、適用要件や計算方法を説明した。それにより自宅用地において適用可能であること、さらに限度面積があることを説明の上、適用した。
遺産分割協議	申告に当たって、分割による評価上の規定及び各種特例を最大限活用できるよう遺産分割協議を行いたい旨の相談があった。上記小規模宅地等についての相続税の課税価格の計算の特例、配偶者に対する相続税額の軽減、分割取得による土地評価などの各規定を最大限に適用する場合の計算方法について説明した。結果、すべての相続人の合意によって遺産分割協議書が作成され、これに基づいて申告した。
納税について	今回の相続に当たり相続人より相続税の納税方法と納付期限について相談を受け、金銭一時納付、延納、物納の納付方法と要件を説明するとともに、申告期限（令和○○年○月○日）が納付期限であることを説明したところ、納税者全員が延納することとなった。

5 総合所見

　相続税申告書作成業務を始めるに当たり「相続税申告業務の委任に関する約定書」を相続人全員と取り交わし、申告まで月に一度程度相続人と面談し情報収集等をしました。
　相続開始日における被相続人所有に係る全ての財産及び債務（葬式費用を含む）並びに相続開始前の生前贈与、その他相続税申告に影響を及ぼす一切の問題について、相続人の知る限りの情報に基づき正確かつ適正に処理致しました。
　さらに相続人の知る限り、上記以外に被相続人の財産評価に関係する重要な契約、法的な紛争、その他の係争事件や債務関係について当方に報告しなかったものはないことを確認するとともに、報告提示した資料には仮装隠蔽の事実及び許されない租税回避行為を行った事実がないことも確認致しました。

6 その他

(1)当税理士事務所は、TKC全国会認定の「書面添付実践事務所」です。
(2)当税理士事務所は、TKC地域会研修所主催の「生涯研修受講済事務所」です。
(3)当税理士事務所は、TKCの相続税申告書作成システム（TPS8000）を利用しています。
(4)その他、当税理士事務所が保存している書類は以下のとおりです。
　　　1)相続税申告業務の委任に関する約定書　　6)相続税の計算調整に関する確認書
　　　2)名義財産等に関する確認書　　　　　　　7)訪問記録簿
　　　3)土地評価に関する確認書　　　　　　　　8)完全性宣言書
　　　4)小規模宅地等の特例の適用確認書　　　　9)相続税申告業務チェックリスト
　　　5)財産目録・相続財産等の確認書
(5)遺言執行者
　本件相続においては、○○信託銀行㈱が遺言執行業務を行っています。書類の作成の基礎となった書類等のうち、同社より提供を受けた書類は以下のとおりです。
　　　1)遺言公正証書、除籍謄本、改正原戸籍、相続人の現在戸籍、住民票　　　4)通帳コピー
　　　2)名寄帳、固定資産評価証明書、登記事項証明書、公図
　　　3)預貯金残高証明書、既経過利息計算書、証明書補足依頼書兼回答書
【参考　被相続人に関する事項】
　被相続人は、○○大学卒業後、○○㈱に社員として勤務した後、平成○○年個人事業を起こし、平成○○年○月㈱Xを設立し、同事業を代表取締役として経営してきた。令和○○年○月に癌で倒れて入院し、その後2年間入退院を繰り返していた。預貯金の管理は自身が行い、亡くなる直前まで意思がはっきりとしていたが、令和○○年○月の入院を機に配偶者及び長男に任せるようになっていた。仕事一辺倒で、趣味と呼べるものはなかった。

第6節

相続税申告添付書類一覧表

ポイント

税務署提出用及び相続人全員に渡す相続税申告書には、作成した書類を添付します。添付書類にはインデックスによる番号を付け、添付書面の記載内容の右端の備考欄に該当する添付書類の番号を記載し、番号順に整理します。

【解説】

1. 相続税申告書・税務代理権限証書・添付書面

　相続税申告書、税務代理権限証書及び添付書面には提出先税務署の受付印の押印が必要なので、製本せずにそのまま提出します。未分割の場合には、「申告期限後3年以内の分割見込書」にも受付印の押印が必要です。なお、延納や物納の場合には、金銭納付を困難とする理由書や「相続税延納申請書」「担保提供関係書類提出期限延長届出書」「相続税物納申請書」などにも受付印をもらう必要があります。電子申告をした場合は、これらは一括で送信でき、税務署が受領した日時の印刷をすることができます。

2. 添付書類の整理

　添付する書類は、添付書類一覧表（図4-6-1）に記載の順に製本して提出しますが、それぞれの項目ごとにインデックスを付け、付番します。相続税申告書作成過程で作成した各種確認書のうち、税務署に提出しなければならないものも添付書類として関係するところに入れます。「相

続税の申告のためのチェックシート」は、相続税申告業務を確実に行い、漏れや誤りがないように事務所内部で作成すべき書類ですので、このチェックシートも作成し、申告書に添付して提出しましょう（本章第4節参照）。

図4-6-1　　　　　添付書類一覧表（例）

添　付　書　類

1. 戸籍等

(1) 相続人関係図　（添付　No.1）
(2) 原戸籍謄本、戸籍謄本、除籍謄本、住民票　（添付　No.2）
(3) 印鑑証明書　（添付　No.3）
(4) 法定相続情報一覧図の写し（添付　No.4）

2. 死亡届・死亡診断書　（添付　No.5）

3. 遺産分割協議書　（添付　No.6）

4. 補足説明　（添付　No.7）

5. 財産等

(1) 土地等
1. ○○市○○町3丁目536番2
2. ○○市○○町1丁目211番1、2、3
3. ○○市○○町1丁目264番
4. ○○市○○町1丁目265番
5. ○○市○○町2丁目128番1、129番1
6. ○○市○○町3丁目232番①
7. ○○市○○町3丁目232番②
8. ○○市○○町3丁目235番1
9. ○○市○○町3丁目476番1
10. ○○市○○町3丁目395番、396番
11. ○○市○○町3丁目414番
12. ○○市○○町3丁目560番1
13. ○○市○○町4丁目1234番
14. ○○市○○町4丁目1238番、1239番
15. ○○市○○町4丁目1240番、1241番
16. ○○市○○町4丁目1312番、1313番
17. ○○市○○町1丁目146番1
　　① 令和○年度名寄帳兼課税台帳　（添付　No.8）

　　② 令和○年度評価証明
　　③ 土地等の評価明細書
　　④ 住宅地図
　　⑤ 路線価図
　　⑥ 地番図
　　⑦ 公図
　　⑧ 地積測量図
　　⑨ 全部事項証明書
　　⑩ 写真
(2) 家屋等
　1. ○○市○○町2丁目128-1（家屋番号128-1）
　2. ○○市○○町3丁目232外（家屋番号666番1）
　3. ○○市○○町3丁目540（家屋番号29）
　4. ○○市○○町3丁目540
　5. ○○市○○町4丁目1234（家屋番号1234）
　6. ○○市○○町4丁目1241外（家屋番号1232番3の2）
　　① 家屋等の評価明細書
　　② 令和○年度名寄帳兼課税台帳　　（添付　No.8）
　　③ 全部事項証明書
(3) 有価証券等
　1. 出資払込残高証明書　　（添付　No.9）
(4) 現金・預貯金等
　1. 残高証明書　　（添付　No.10）
　2. 入出金確認表　（添付　No.11）
　3. 取引履歴明細表（写し）　　（添付　No.12）
　4. 取引履歴明細表（写し）（名義人○○○○）
　5. 直前出金一覧集計表
(5) その他の財産
　1. 仮受金の内訳書（株式会社　□□）　　（添付　No.13）
　2. 借入金及び支払利子の内訳書（株式会社　□□）
　3. 解約返戻金相当額等証明書
　4. 介護保険料還付通知書
　5. 後期高齢者医療保険料還付通知書
　6. 高額介護サービス費給付のお知らせ
　7. 後期高齢者医療給付支給決定通知書
　8. 退去時精算明細書
(6) 退職手当金
　1. 小規模企業共済契約に係る共済金の支払決定通知書兼振込通知書

（添付　No.14）
（7）生命保険金
1. 死亡保険金計算書
2. 相続開始日における為替相場

6. 債務等

（1）債務
1. 債務の内訳書
2. 残高証明書　　（添付　No.15）
3. 未払医療費領収書
4. 取引履歴明細書
（2）葬式費用
1. 葬式費用一覧　　（添付　No.16）
2. 葬式費用領収書等

7. 所得税確定申告書

（1）令和○年分所得税及び復興特別所得税の準確定申告書　　（添付　No.17）
（2）令和□年分所得税確定申告書
（3）令和△年分所得税確定申告書
（4）令和×年分所得税確定申告書

8. 相続税の納税猶予に関する資料（△△△△）

（1）相続税の納税猶予に関する適格者証明書証明願　　（添付　No.18）
（2）特例適用農地等の明細書
（3）固定資産評価証明書
（4）担保提供書
（5）抵当権設定登記承諾書
（6）印鑑証明書
（7）特例適用農地に係る全部事項証明書
※上記（1）（2）の資料について申告時においては、農業委員会からの証明願受付証明（写）を添付しております。令和○年○月下旬の農業委員会において証明願本書の交付を受け、改めてご提出させていただきます。
　また、申告時において特例適用農地の相続登記が完了していないため、上記（6）（7）の資料は添付しておりません。相続登記完了後、速やかにご提出させていただきます。

9. 延納申請に関する資料（○○○○、△△△△）

(1) 延納申請書
(2) 金銭納付を困難とする理由書
(3) 担保目録
(4) 担保提供書
(5) 抵当権設定登記承諾書
(6) 担保提供関係書類提出期限延長届出書
(7) 印鑑証明書
(8) 担保物件（土地）に係る全部事項証明書
　※また、申告時において特例適用農地の相続登記が完了していないため、上記（7）（8）の資料は添付しておりません。相続登記完了後、速やかにご提出させていただきます。

■編者

TKC全国会 資産対策研究会

代表幹事 税理士 今仲 清

業務開発部会　　　　　　　　　　研修部会
部会長 税理士 佐藤伸泰　　　　部会長 税理士 坪多晶子
委 員 税理士 飯田修次　　　　委 員 税理士 稲垣創平
　　　 税理士 齋藤賢二　　　　　　　 税理士 鎌田裕次郎
　　　 税理士 島村 仁　　　　　　　 税理士 村田顕吉朗
　　　 税理士 関谷政広　　　　　　　 税理士 村田裕人
　　　 税理士 田中英雄

※本書は『相続税の申告と書面添付 ―安心の相続を実現するために―』（TKC全国会
相続税書面添付検討チーム、2015年）の内容を実務面に絞って改訂したものです。

『相続税の申告と書面添付 ―安心の相続を実現するために―』
■執筆者
TKC全国会 相続税書面添付検討チーム
リーダー 税理士 内海 敬夫
メンバー 税理士 今仲 清
　　　　 税理士 押田 吉真
　　　　 税理士 坪多 晶子
　　　　 税理士 山本 和義

新様式対応！ 税務調査も安心 相続税申告書の書面添付の実務

2023年11月28日　第1版第1刷　　　定価2,860円（本体2,600円＋税10%）

編　著　TKC全国会資産対策研究会

発 行 所　株式会社ＴＫＣ出版
〒162-0825 東京都新宿区神楽坂2-17
中央ビル2階　TEL03（3268）0561

装　丁　株式会社ぺぺ工房